Frank McNair

Schick keine Enten in die Adlerschule

Frank McNair

Schick keine Enten in die Adlerschule

119 erfrischende Tipps für smarte Manager

Aus dem Amerikanischen übersetzt
von Bringfried Schröder
und Marita Kluxen-Schröder

REDLINE WIRTSCHAFT
bei verlag moderne industrie

Die Deutsche Bibliothek – CIP-Einheitsaufnahme

McNair, Frank:
Schick keine Enten in die Adlerschule : 119 erfrischende Tipps für smarte Manager / Frank McNair. Aus dem Amerikan. übers. von Bringfried Schröder und Marita Kluxen-Schröder. – München : Redline Wirtschaft bei Verl. Moderne Industrie, 2002
Einheitssacht.: It's ok to ask 'em to work… <dt.>
ISBN 3-478-37850-8

Internet: http://www.redline-wirtschaft.de
Titel der amerikanischen Originalausgabe: It's OK to Ask 'Em to Work…

Umschlaggestaltung: Vierthaler & Braun, München
Satz: Fotosatz Amann, 88317 Aichstetten
Druck: Himmer, Augsburg
Bindearbeiten: Thomas, Augsburg
Printed in Germany 37850/010201
ISBN 3-478-37850-8

Für Laura, die mit mir gelebt hat, während ich diese Grundregeln erfahren habe, und die mich ertragen hat, während ich versucht habe, sie in eine Buchform zu bringen.

Du bist eine fantastische Geschäftspartnerin, ein talentierter Trainer und eine wunderbare Kollegin. Außerdem bist du eine spirituelle Partnerin und meine große Liebe. Und du bist mein bester Freund. Das Schicksal hat es gut mit mir gemeint. Danke.

Inhalt

Danksagung

Kein Autor kann all denen danken, die ihn beraten, ihm Mut gemacht haben und von denen er gelernt hat. Das ist vor allem bei einem Buch wie diesem unmöglich, in dem ein großer Teil des Lernens aus der mündlich übermittelten Tradition des Managements besteht.

Ich fühle mich all denen verpflichtet – und das über viele Jahre – mit denen und für die ich arbeiten durfte. Abgesehen von seltenen direkten Zitaten habe ich die Geschichten verändert, um die Anonymität der Betroffenen zu wahren. Aber sie selbst werden sich wiedererkennen.

Mehr als meinen Arbeitgebern möchte ich jedoch den Kunden danken, die es mir gestattet haben, diese Lektionen, die sich sowohl auf das praktische Leben als auch auf das Management beziehen, in die Praxis umzusetzen. In der harten Realität des täglichen Managements haben diese Regeln ihre Feuertaufe bestanden. Ich danke ihnen, dass sie mir ihre Geschichten erzählt haben und mich an ihren Einsichten haben teilhaben lassen.

Schließlich möchte ich auch den Kollegen danken, mit denen ich als Trainer und Berater zusammengearbeitet habe. Sie werden sich in diesem Buch oft wiederfinden. Dank für alles, was Sie mir beigebracht haben und dafür, dass Sie gemeinsam mit mir die Überlieferungen der Stammesgeschichte der Spezies *managementus aufrechtus* erkundet haben.

Kein Projekt dieser Größenordnung kann reifen ohne die liebevolle Betreuung eines Agenten und der eines Redakteurs, der immer die Termine im Auge hat. Ich möchte Andrea Pedolsky danken, dass sie die erste Rolle so treu ausgefüllt hat, und Adrienne Hickey für ihre Übersicht in der zweiten Rolle.

Darüber hinaus danke ich allen Managern – den namentlich zitierten und den anderen – die mir alles beigebracht haben, was sie wissen, und mich in den Genuss ihrer Erfahrung kommen ließen.

Ich danke Genie Carr, die mir geholfen hat, meine Kritzeleien und verschlungenen Formulierungen in eine lesbare Form zu bringen. Dank auch an Emily Bolton für ihre schnelle und akkurate Transkription. Besonderer Dank gilt Mary Bolton, denn ohne sie gäbe es dieses Buch gar nicht.

Einleitung

Es gibt eine – möglicherweise nicht wahre – Geschichte von einem Broadway-Produzenten, der einen übereifrigen jungen Regisseur und Drehbuchautor kennen lernte. Bei einem gemeinsamen Mittagessen entwickelte der junge Mann vierzig geschlagene Minuten lang eine fantastische Idee für ein Stück, das seiner Meinung nach mit Sicherheit ein Knüller werden würde. Der erschöpfte Produzent sagte schließlich zu ihm: „Wenn Ihre Idee nicht auf die Rückseite einer Visitenkarte passt, dann haben Sie auch keine."

Ich bin ganz seiner Meinung. Auch ich war immer schon ein Reduktionist, ein Vereinfacher – ich habe stets versucht, den Edelstein in einem Eimer voll Müll zu finden.

Als Kind habe ich Football gespielt und ich kann mich noch gut daran erinnern, wie unser Trainer zum ersten Mal zu uns gesagt hat: „Wenn es hart wird, wachsen die Harten über sich selbst hinaus."

Ich habe diesen Satz vor dem Hintergrund meiner Lebensauffassung als Elfjähriger geprüft und fand immer wieder, dass er zutrifft. Ich habe mir meine Mitspieler angesehen und festgestellt, dass tatsächlich immer dann, wenn es im Spiel hart auf hart ging, die Harten über sich selbst hinauswuchsen. Vielleicht war es mir ja schon in die Wiege gelegt, dass ich eines Tages dieses Buch schreiben würde, um mir solche kernigen Sprüche mit essenziellen Lebensweisheiten zu merken.

Als ich auf dem College Politologie studierte, faszinierte mich der alte Spruch: „Menschen und Flüsse folgen dem Weg des geringsten Widerstandes." Meine recht begrenzten Kenntnisse in Geologie bewiesen mir, dass das bei den größten Flüssen der Welt zutrifft, und meine Kenntnisse der Theologie und ein besseres Verständnis der Geschichte und der Politik brachten mir die Bestätigung auf dem menschlichen Sektor.

Es war ein weiterer Aphorismus, den das Leben selbst geschrieben hat.

Und darum geht es auch in diesem Buch: Um Aphorismen, Sprüche und kernige Merksätze, die wesentliche Lebensweisheiten enthalten, die sich auf die Welt des Managements beziehen.

Jeder Merksatz in diesem Buch repräsentiert einen von vielen Fäden, die alle zusammen den Teppich bilden, den wir Management nennen. Dieser Teppich und die Informationen sind organisch miteinander verbunden. Wir können die Gesamtheit des Managements nicht in einzelne Komponenten zerlegen. Das wäre in gewisser Weise so, als würde man fragen: „Welches Ihrer Organe ist Ihnen lieber? Ihr Herz oder Ihre Lungen?" Wenn Ihnen eines von beiden fehlt, sterben Sie.

Genauso wenig kann man die Regeln bezüglich der Führungsqualitäten von denen über Motivation trennen, und beide auch nicht von denen, die sich auf Erwartungshaltungen beziehen.

In der realen Welt sind die Maximen also nicht voneinander zu trennen. Wenn wir sie besprechen, müssen wir sie jedoch separat behandeln, um sie vollständig analysieren und auf diese Weise wichtige Erkenntnisse gewinnen zu können, um sie schließlich im richtigen Augenblick zur Anwendung zu bringen.

Wir müssen jedoch auch einige Vorsichtsmaßnahmen beachten, die Mark Twain am besten formuliert hat. Er schrieb einmal – und das passt sehr gut zu unserem Problem: „Wir sollten immer aufpassen, dass wir aus einer *Erfahrung nur die Weisheit nehmen, die sie enthält* – nicht mehr. Sonst sind wir wie die Katze, die sich auf eine heiße Ofentür gesetzt hat. Sie wird sich nie wieder auf eine heiße Ofentür setzen – und das ist ja auch gut so – aber sie wird sich auch nie wieder auf eine kalte setzen."

Es ist schon viel über die zunehmende Komplexität der Geschäftsstrategien gesagt worden, jetzt am Beginn des neuen Millenniums. Es gibt viele Unternehmensberater, die Ihnen nur zu gern erzählen, wie schwierig es ist, bei dem ständig zunehmenden Tempo der Veränderungen ein Geschäft zu führen, und wie komplex die Aufgaben sind, die vor Ihnen liegen.

In gewissem Sinne stimmt das ja auch. Aber es ist nicht die ganze Wahrheit.

Management ist heute noch genau das, was es schon immer war: Der wohl überlegte Einsatz personeller, finanzieller und materieller Ressourcen mit dem Ziel der Herstellung und Lieferung eines Produkts oder einer Dienstleistung, die den Kunden das Gefühl vermittelt, gut bedient worden zu sein, und dem Unternehmen Gewinn bringt. So einfach (und so *schwierig*) ist das.

Meiner Meinung nach hat man viel zu viel Aufhebens um die Komplexität des Geschäftslebens gemacht. Die Aufgaben, die uns gestellt werden, erinnern eher an die des Sisyphus, der den schweren Felsbrocken den Berg hinaufbefördern sollte: Das ist einfach schwer, hat aber nichts mit Komplexität zu tun. Als Reduktionist – oder Vereinfacher – bin ich nun einmal der Meinung, dass bestimmte Lebensregeln nützliche Hinweise auf die Kernprobleme bieten können und Erkenntnisse und Informationen enthalten, die uns in jeder schwierigen Situation helfen können.

Solche Regeln können uns sogar dann noch nützen, wenn sie scheinbar im Widerspruch zueinander stehen. Man sagt uns gleichzeitig einerseits „Wer nicht wagt, der nicht gewinnt" und andererseits „Nur die Dummen haben keine Angst". Was sollen wir damit anfangen? Welche Erkenntnis vermittelt uns dieser offensichtliche Widerspruch?

Genauso sagt man uns im Hinblick auf menschliche Beziehungen: „Die Liebe wächst mit dem Quadrat der Entfernung", und andererseits „Aus den Augen, aus dem Sinn". Was können wir damit anfangen? Wir können möglicherweise daraus lernen, dass alles zu einer Zeit wahr sein kann, aber nicht jederzeit.

Unsere Aufgabe – die Mark Twain uns so anschaulich gemacht hat – ist es, aus den Regeln, die vor uns liegen, so viel wie möglich zu lernen, und sie nicht unkritisch in Situationen anzuwenden, in denen sie nicht relevant sind. Außerdem ist es unsere Pflicht, der Erkenntnis, die eine solche Regel scheinbar enthält, unsere Lebenserfahrung und die gegenwärtigen Umstände gegenüberzustellen. Daraus können wir dann die Erkenntnisse gewinnen, die diesen Umständen am ehesten gerecht werden.

Das ist unsere Aufgabe, packen wir sie an.

1
Vision und Planung

In einer Firma, für die ich einmal gearbeitet habe, erzählte man sich folgende Geschichte: Das Unternehmen beschäftigte eine Anzahl von Fahrern. Sie fuhren relativ schwere Lastwagen quer durch den Südosten der Vereinigten Staaten und lieferten ein bestimmtes Produkt, das dann von den Händlern weiterverkauft wurde. Der fragliche Vorfall soll sich in Kentucky ereignet haben.

Aufgeregt rief ein Lastwagenfahrer an und sagte, sein Wagen sei durch eine Brücke gebrochen und hinge nun in einer gefährlichen Position am Unterbau der Brücke, etwa sechs Meter über der Wasseroberfläche. Er wisse nicht, was er jetzt tun solle.

Unsere erste Frage war: „Wie in aller Welt konnte Ihr Wagen durch die Brücke brechen?"

Seine Antwort: „Nun ja, die Brücke darf maximal mit zehn Tonnen belastet werden, und mein Wagen wiegt 55 Tonnen."

„Wussten Sie das denn nicht?"

„Nein", erwiderte er, „das habe ich erst gemerkt, als es schon passiert war."

Wir waren natürlich ziemlich neugierig und schickten ein Mitglied der Geschäftsleitung an den Unfallort, um die Situation zu beurteilen. Als der Mitarbeiter den Bezirk erreicht hatte, in dem der Unfall stattgefunden hatte, fuhr er eine kleine Landstraße hinunter, die zu der fraglichen Brücke führte. Er war überrascht, denn er zählte insgesamt immerhin fünf Schilder, die in Abständen von einigen Kilometern vor dem Befahren dieser Brücke mit einer Belastung von mehr als zehn Tonnen warnten.

Als er dann endlich die Brücke, auf der der LKW verunglückt war, erreicht hatte, sah er schließlich noch ein großes orangefarbenes Schild, auf dem stand: „Vorsicht, langsam fahren. Maximale Belastung 10 Tonnen."

Aus diesem Vorfall haben wir unsere firmeninterne Regel abgeleitet: „Wenn man nicht auf die Schilder achtet, bricht man durch die Brücke."

Wenn Sie die Hinweise nicht beachten, werden Sie mit der Brücke einbrechen

Das Beachten von solchen Hinweisen hat etwas mit dem Begriff *Vision* zu tun. Man muss gewissermaßen am Mast hochklettern bis zum Krähennest, damit man das Meer und den Horizont rundum überblicken kann. Nur so kann man günstige Gelegenheiten oder gefährliche Sandbänke ausmachen.

Man muss eine Vision haben, bevor man den Kurs bestimmen kann. Sie setzt voraus, dass man sich mit Klima und Strömungen auskennt, dass man sich über die Stärken und Schwächen der Mannschaft und des Schiffes im Klaren ist. Man muss darüber hinaus ein erreichbares Ziel festlegen, damit sich die Fahrt für den Schiffseigner lohnt. Die Fahrt muss sicher und die Heuer für die Mannschaft angemessen sein.

Eine Vision wägt die Risiken einer bestimmten Route gegen die einer anderen ab. Sie berücksichtigt die gegenwärtige Wetterlage und die Schiffe der Konkurrenz. Letzten Endes wird die Entscheidung auf der Basis der Vision getroffen: „Für dieses Schiff, das in diesem Hafen liegt, ist unter den gegebenen Bedingungen der beste Bestimmungshafen X." Erst dann können die Seefahrer den Kurs und die sicherste und schnellste Route zu dem Zielhafen planen, der mit ihrer Vision übereinstimmt.

Es ist leicht, es umgekehrt zu machen. Man beginnt dann mit der Planung, bevor man eine klare Vorstellung hat, man verwechselt Taktik mit Zielen und erliegt dem großen amerikanischen Vorurteil: „Tu etwas, selbst wenn es das Falsche ist." Das ist ein Fehler, der ein Geschäft ruinieren kann.

Wenn wir handeln, bevor wir das entsprechende Umfeld genau kennen, Ziele und Strategien festgelegt haben, werden wir selbst, dem Unternehmen und unseren Mitarbeitern gegenüber versagen. Wir werden zum Beispiel ein Produkt in dem Augenblick auf den Markt bringen, wo die Nachfrage zwar Spitzenwerte erreicht, aber bereits begonnen hat wieder nachzulassen. Wir stellen Leute ein und tätigen riesige Investitionen, um ein Produkt herzustellen, das bereits das Ende seines Zyklus erreicht hat. Oder wir nehmen fälschlicherweise an, dass es am Markt einen ungeheuren Bedarf für ein bestimmtes Produkt gibt, während es in Wirklichkeit zwar noch gut läuft, die Nachfrage aber bereits abflaut.

Wenn wir *auf die Hinweise achten*, wissen wir immer genau, wie sich der Markt verhält, wie die technologische Entwicklung abläuft, welche Nachfrage zu erwarten ist.

Es ist daher eine der wichtigsten Aufgaben eines Managers, solche Hinweise zu beachten. Erst dann lassen sich Pläne entwickeln, denn die Hinweisschilder (ökonomische Trends, Börsendaten, Verbraucherumfragen, Industrieanalysen) bewahren uns davor, mit der Brücke einzubrechen. Wenn wir sie dagegen aus dem Auge verlieren, enden wir möglicherweise damit, dass wir effiziente Geschäftsoperationen durchführen, die jedoch alle auf der Grundlage einer fehlerhaften Strategie beruhen. Und so etwas kann katastrophale Folgen haben.

Kümmern Sie sich nicht nur um das Tagesgeschäft, sondern denken Sie auch an Visionen und Strategien

Ein guter Freund von mir (ein intelligenter, gestandener und engagierter Manager) arbeitete einmal in einer größeren, regionalen Unternehmenskette, die Ausstellungsräume bestückte. Wie Sie sicher wissen, sind solche Ausstellungsräume der Versandhäuser weitgehend aus unserer ökonomischen Landschaft verschwunden. Auf der einen Seite wurden sie von den Verkaufshilfen der Spielzeuglieferanten verdrängt, auf der anderen Seite durch elektronische Verkaufshilfen (z. B. Videos).

Mein Freund sprach über die Herausforderungen, mit denen man es in diesem Geschäft zu tun hatte und wie man ihnen begegnet war. Seine Stellungnahme sagte alles: *„Wir haben das Geschäft gut geführt, nur mit der Strategie sind wir nicht zurechtgekommen."*

Diese Aussage enthält eine wichtige Erkenntnis, und wir können viel daraus lernen. Mein Freund wollte damit sagen, dass sein Unternehmen die geschäftlichen Operationen in den Ausstellungsräumen gut geführt hat.

Sie hatten ein erstklassiges Lagerhaus gebaut und die Kosten niedrig gehalten. Sie hatten die Produkte zu günstigen Preisen an ihre Geschäfte geliefert. Sie hatten gute Plätze für ihre Läden gefunden. Mit anderen Worten, sie haben die eigentlichen *Geschäftsvorgänge* gut organisiert. Leider traf das für die *Strategie* nicht zu. Die Marktlücke, die sich diese Betreiber der Katalogausstellungsräume selbst geschaffen hatten – in der sie seit Jahrzehnten überlebten und blühten und gediehen – verschwand. Große Spielwarenunternehmen und riesige Ketten der Haushaltselektronik-Branche drängten sie in diesen beiden wichtigen Branchen aus dem Markt. Das Gartengeschäft wurde ihnen von den großen Gartencentern weggenommen. Zum Schluss blieb den Katalogausstellungräume-Leuten nur noch das mickerige Geschäft mit Mittel- bis Niedrigpreis-Schmuck und einigen Sportartikeln. Aber das war zu wenig, um Gewinne zu machen. Die Leute konnten den Wald ihres dahinschwindenden Marktes vor lauter Bäumen ihrer Geschäftstüchtigkeit nicht sehen. Also verschwanden sie von der Bildfläche. Das ist umso bedauerlicher, als es nicht hätte passieren müssen.

Manager müssen sich nicht nur um das laufende Geschäft kümmern, sondern auch die Auswirkungen einer Veränderung der Marktbedingungen auf ihre eigene Strategie früh genug erkennen. Sie müssen sich immer wieder fragen: „Stimmt der Plan, den wir letztes Jahr entwickelt haben, immer noch mit den gegenwärtigen Bedingungen überein?“ Wenn es jemals die Notwendigkeit gegeben hat, ständige Verbesserungen einzuführen, so ist das bei den heutigen Geschäftsplanungen der Fall, denn die Veränderung und Weiterentwicklung des Marktes verläuft ungeheuer schnell. Und mit diesen Problemen ist das Unternehmen meines Freundes nicht fertig geworden.

In der ersten Phase machten einige Mitglieder der Geschäftsleitung die falsche Strategie für den Misserfolg verantwortlich. Sie kletterten ins Krähennest, suchten den Horizont nach einem sicheren Hafen ab, in dem sie landen könnten, und fanden das Supermarkt-Schmuckgeschäft.

Man stellte sich die entscheidende strategische Frage: Was können wir gut? Wo liegen unsere Stärken? Welcher Markt ist unterversorgt? Wie können wir die Lücke ausfüllen und Gewinne machen? Und das Superstore-Schmuckgeschäft – das Toys `Я` Us des Schmuckhandels – war eine Marktlücke. Es sah aus wie eine sichere, Gewinn bringende Sache.

Die meisten ranghöheren Mitglieder der Geschäftsleitung konnten bzw. wollten aber diese Kursänderung nicht mitmachen. Die Kapitäne legten ihr Veto ein, das Schiff lief auf die Sandbänke eines stagnierenden Marktes und ging schließlich in einem Meer von roter Tinte unter.

Es hätte anders laufen können, aber die Chefs waren mit ihren Plänen verheiratet. Und zum Schluss ließen sie sich weder durch Geld noch durch gute Worte dazu bewegen, wenigstens einen Vertrag über die Abtrennung der kritischen Bereiche zu unterzeichnen. Schade!

Ein Plan ist keine Zwangsjacke – sorgen Sie dafür, dass Ihr Plan flexibel ist

Haben Sie schon einmal eine Zwangsjacke gesehen? Das ist ein vorn geschlossenes Hemd aus schwerem Leinen, das hinten zugemacht wird, sodass man es nicht allein wieder öffnen kann. Aber das ist nur der Anfang.

Anschließend werden die überlangen Ärmel über Kreuz hinten zusammengebunden. Es ist dann praktisch unmöglich den Oberkörper zu bewegen. Wenn die Jacke zu fest zusammengebunden wird, kann man sogar in Atemnot geraten.

Trotzdem behandeln viele Geschäftsleute ihre Planungen wie eine solche Zwangsjacke. Sie wird schriftlich festgelegt, gebunden und veröffentlicht. Sie wird geradezu ein Heiligtum. Tatsächlich sollte ein Plan aber nur ein *Leitfaden* sein und nichts anderes.

Ein Plan ist wie ein Schnappschuss, die Momentaufnahme eines Weges, der das Unternehmen weiterbringen soll, weil er zurzeit am attraktivsten wirkt. Aber die Bedingungen können sich ändern. Wettbewerber können stärker oder schwächer werden. Neue Märkte entstehen, Trends verschwinden, und die Verbraucher sind schon wieder vom nächsten „letzten Schrei“ fasziniert. Wenn wir uns durch unseren Plan so gebunden fühlen, dass wir die Veränderungen am Markt nicht mehr wahrnehmen, werden wir genauso scheitern wie die Menschen, die überhaupt keinen Plan gemacht haben.

Vergessen Sie also nie, ein Plan ist keine Zwangsjacke. Sorgen Sie dafür, dass Sie flexibel bleiben. Nachdem das gesagt worden ist, muss man allerdings darauf hinweisen, dass auch das Gegenteil zutrifft.

Eine Firma ist kein Restaurant – vermeiden Sie eine „Strategie des Tages"

Auf Gedeih und Verderb an einer Strategie festzuhalten, kann tödlich sein, aber genauso gefährlich ist es, ein Unternehmen mit einer „Strategie des Tages" zu führen. Ich habe einmal mit einem Kunden gearbeitet, der sich so verhielt, und das war eine der verwirrendsten Erfahrungen meines Lebens.

Die Strategie dieser Firma änderte sich so oft – und die damit verbundene Kommunikation war so schlecht – dass die Leute, die draußen arbeiteten, *teilweise zwei oder drei Strategien zurücklagen.* Sie wurde so oft verändert, dass wir uns nachmittags um vier vor unserer Besprechung erst einmal vergewissern mussten, ob die Strategie, auf die wir uns morgens um neun geeinigt hatten, auch tatsächlich noch in Kraft war.

Verkaufen wir direkt an die Kunden oder benützen wir ein Verteilernetz? Kontaktieren wir die Verteiler über die Vertreter der Hersteller oder übertragen wir diese Aufgabe unseren eigenen engagierten Verkäufern? Sollen wir selbst herstellen oder auslagern? Sollen wir hier neue Wege suchen oder uns möglichst schnell an die jeweilige Entwicklung anpassen?

Firmen können sich jeweils für eine der genannten Optionen entscheiden, und das tun viele auch. Aber man kann nicht ständig und von einem Tag auf den anderen von einer zur anderen wechseln.

In vieler Hinsicht erinnerte dieses Unternehmen an ein hyperaktives Kind, das sich nicht konzentrieren kann. Man wechselte die Strategien und Richtungen so oft, dass es schwer war, sich auf ein Thema oder Ziel so lange zu konzentrieren, dass man zum Erfolg kam. Mit großer Begeisterung wurden Projekte auf den Weg gebracht, und plötzlich wieder gestoppt. Vier Monate später wurden sie dann ohne ersichtlichen Grund erneut aufgegriffen. Inzwischen war die Begeisterung verflogen und auch die Energie der Leute hatte nachgelassen, weil dieses ständige Hin und Her sie ermüdet hatte.

Diese Methode hat zahlreiche Nachteile:

- Sie verwirrt die Mitarbeiter. Sie wissen nie genau, was *heute, bei diesem Durchlauf dieses bestimmten Planes* von ihnen erwartet wird.
- Das Ganze verwirrt die Kunden, denn sie wissen nie genau, wofür die Firma *diese* Woche steht.
- Es verwirrt die Börse, die ohnehin den Kopf voll hat und überhaupt nicht in der Lage ist herauszufinden, was eine Firma vorhat, wenn sie häufiger als zweimal pro Jahr ihre Unternehmensstrategie ändert.

Warum ändert eine Firma ihre Strategie überhaupt so oft? Was treibt sie dazu? Mitunter ist es das Fehlen eines entscheidungsfreudigen, visionären Führers an der Spitze der Unternehmenspyramide. Manchmal liegt es auch daran, dass es zwei miteinander konkurrierende Führungskräfte gibt, von denen jeder eine andere Vorstellung davon hat, wohin die Reise gehen soll. Am häufigsten ändern Firmen ihre Strategie jedoch, weil sie ständig auf der Suche nach der allein selig machenden, perfekten, absolut wasserdichten Strategie für ihre Branche sind.

Geben Sie es auf! Es gibt keine perfekte Strategie

Auf welche Weise kann man in der Automobilbranche am besten Geld verdienen? Sollte man Qualitätsautos herstellen und sie auf dem Massenmarkt verkaufen, so wie Toyota es macht? Oder sollte man besser verhältnismäßig wenige Autos von sehr hoher Qualität produzieren und auf eine elitäre Kundenschicht abstellen, wie Mercedes es gemacht hat?

Und wie sieht es im Werkzeuggeschäft aus? Ist es vernünftiger, über Massenverteiler und Baumärkte wie Stanley Tool

Works abzusetzen? Oder sollte man sie über unabhängige Verteiler vermarkten, wie Snap-On Tools es gemacht hat?

Wer hat Recht? Natürlich beide. Beide Arten von Unternehmen haben mit ihrer Strategie Erfolg gehabt, obwohl beide sich extrem voneinander unterscheiden. Es gibt einfach keine einzelne, perfekte, wasserdichte Strategie. Deshalb ist auch die Suche danach sinnlos. So etwas kostet nur Zeit, die man besser an anderer Stelle einsetzen sollte. Ihre eigene Strategie muss nicht perfekt sein, Hauptsache Ihre Leute können sich damit identifizieren und setzen sich engagiert dafür ein, das reicht allemal.

Achtzig Prozent Strategie und hundert Prozent Engagement sind immer besser als hundert Prozent Strategie und achtzig Prozent Engagement

„Ob Sie nun glauben, Sie schaffen es oder ob Sie glauben, Sie schaffen es nicht – Sie haben in jedem Fall Recht!" Ich weiß nicht mehr, wer das zum ersten Mal zu mir gesagt hat, denn es ist schon lange her. Aber es stimmt – Engagement und Glaube sind die beiden wichtigsten Antriebe, die einer Strategie zum Erfolg verhelfen.

Wie bringen wir unsere Leute dazu, sich so zu engagieren? Können wir es einfach fordern? Oder können wir dazu beitragen, dass so etwas entsteht? Zu diesem Thema gibt es einen alten Spruch: *Gehorsam* kann man erzwingen, *Engagement* muss man sich *verdienen.*

Und das geschieht, indem man die Mitarbeiter bei der Festlegung der Ziele in angemessener Weise mit einbezieht.

Wenn Sie Ihre Leute an der Planung beteiligen, werden sie sich stärker engagieren

Es ist eine unternehmerische Erkenntnis, dass die Leute, die der Arbeit am nächsten sind, in der Regel am besten wissen, wie sie getan werden sollte. Und warum auch nicht? Sie leben tagtäglich damit. Trotzdem ignorieren viele Manager die Einsichten und Meinungen ihrer Mitarbeiter bei ihrer strategischen Unternehmensplanung. Das ist ganz besonders schade, weil schon jede Beteiligung der Angestellten, und sei sie noch so klein, eine Steigerung ihres Engagements zur Folge hat. Und das Gleiche gilt auch für die Qualität des Plans selbst.

Die Leute haben es gern, wenn man sie an der Planung teilhaben lässt, so etwas fördert ihre Bereitschaft, sich zu engagieren.

Nehmen wir einmal das Verkaufen. Es gibt sogar eine Verkaufsmethode, die nur auf dieser Erkenntnis beruht. In einem Verkaufsgespräch fragt der Verkäufer den Kunden: *„Würde Ihnen dieses Teil besser in altgold oder besser in avocadogrün gefallen?“* Die Möglichkeit, an der Gestaltung mitzuwirken, erhöht die Wahrscheinlichkeit, dass der Kunde den Gegenstand tatsächlich kauft.

Oder denken wir einen Augenblick lang an die Kindererziehung. Der Sechsjährige ist müde, und es ist Zeit für ihn, ins Bett zu gehen. Vorher muss er jedoch noch zwei Dinge erledigen: Er muss in die Badewanne und sein Zimmer aufräumen. Die Eltern könnten einfach anordnen, was zuerst getan werden muss, wobei das Ergebnis abzusehen wäre. Man kann das Kind jedoch auch selbst an der Entscheidung beteiligen, indem man es fragt: „Was möchtest du zuerst tun, dein Zimmer aufräumen oder in die Badewanne gehen?“ Das Ergebnis wäre wahrscheinlich unproblematischer und der Protest würde weniger heftig ausfallen.

Eine Mitbeteiligung des Betroffenen erhöht dessen Engagement. Am leichtesten erreichen Sie ein hundertprozentiges Engagement, wenn Sie die Leute, die für die Ausführung Ihrer Strategie zuständig sind, an der Planung beteiligen.

Wenn Sie nicht wissen, wohin die Reise geht, werden Sie wahrscheinlich ganz woanders landen

Sie müssen eine schlüssige Vision definieren und die Ziele, Strategien und Taktiken klarlegen, die diese Vision stützen sollen: Das ist die entscheidende Aufgabe eines Managers.

Abraham Lincoln hat einmal gesagt: „Wir müssen uns fragen, wo wir herkommen und wohin wir wollen." Und – möchte ich ergänzen – ob wir da auch wirklich hinwollen. Wir können erst dann das einschätzen, was wir tun und wie wir es tun, wenn wir wissen, was (und wie) wir (es) tun wollen. *Wir müssen wissen, wo die Reise hingehen soll.*

Es ist also unsere Aufgabe, dem Unternehmen zu helfen, eine Vision zu entwickeln – man muss wissen, wofür es steht und was aus ihm werden soll. Aus dieser Vision leiten wir die wichtigsten Ziele ab – die spezifischen Ziele, die die Vision konkretisieren.

Unsere Vision und unsere Ziele treiben alles andere an, das veranschaulicht auch ein Auszug aus Lewis Carrolls *Alice im Wunderland.* In der Geschichte begegnet Alice der Grinsekatze und es kommt zu folgendem Gespräch:

„Grinsekatze", fragte Alice, „könntest du mir bitte sagen, wohin ich von hier aus gehen soll?"

„Das hängt vor allen Dingen davon ab, wohin du gehen willst", antwortete die Katze.

„Das ist mir eigentlich ziemlich egal", sagte Alice.

„Dann ist es auch egal, wohin du gehst", sagte die Katze.

Wir müssen wissen, wohin wir gehen wollen, bevor wir planen. Und wissen wohin, ist – zumindest konzeptuell – nicht genug. Wir brauchen Details.

Wer nicht plant, plant den Misserfolg – eine gute Planung verhindert eine schlechte Abwicklung

Diese letzten Regeln zeigen uns zwei Seiten der gleichen Medaille. Planen allein ist noch keine Erfolgsgarantie. Aber das Fehlen jeglicher Planung garantiert den Misserfolg.

Geben Sie Ihrer Vision eine Form. Entwickeln Sie Ihre Zielvorstellungen. Planen Sie so detailliert, wie es in Ihrer Branche möglich ist, und vergessen Sie dabei nie, dass ein Plan nur ein Entwurf und keine Zwangsjacke ist.

Eine gute Planung ist wichtig für Sie und für Ihr Unternehmen. Vergessen Sie nie: Wenn Sie nicht wissen, wo die Reise hingehen soll, werden Sie wahrscheinlich ganz woanders landen.

GRUNDREGELN, DIE SICH AUF VISION UND PLANUNG BEZIEHEN

- Wenn Sie die Hinweise nicht beachten, werden Sie mit der Brücke einbrechen.
- Kümmern Sie sich nicht nur um das Tagesgeschäft, sondern denken Sie auch an Visionen und Strategien.
- Ein Plan ist keine Zwangsjacke. Sorgen Sie dafür, dass Ihr Plan flexibel ist.
- Ein Unternehmen ist kein Restaurant. Vermeiden Sie eine „Strategie des Tages“.
- Geben Sie es auf! Es gibt keine perfekte Strategie.
- Achtzig Prozent Strategie und hundert Prozent Engagement sind immer besser als hundert Prozent Strategie und achtzig Prozent Engagement.
- Wenn Sie Ihre Leute an der Planung beteiligen, werden sie sich stärker engagieren.
- Wenn Sie nicht wissen, wohin die Reise geht, werden Sie wahrscheinlich ganz woanders landen.
- Wer nicht plant, plant den Misserfolg – eine gute Planung verhindert eine schlechte Abwicklung.

Fragen, die zum Nachdenken anregen sollen

1. Wann haben Sie selbst in Ihrem Unternehmen oder ganz einfach in Ihrem Leben „Hinweisschilder" übersehen? Wie sind Sie dann „in die Brücke eingebrochen"?
2. Welche Beispiele fallen Ihnen ein, in denen jemand sich ausschließlich auf das Tagesgeschäft konzentriert hat, statt sich auch um die *Vision* und *Strategie* des Unternehmens zu kümmern? Was ist daraus geworden?
3. Warum geraten Ihrer Meinung nach manche Unternehmen in die Zwangsjacke ihrer eigenen Planung? Wie ließe sich das vermeiden?
4. „Wenn Sie nicht wissen, wohin Sie gehen, werden Sie wahrscheinlich ganz woanders landen." Welche Hinweise konnten Sie finden, die diese Aussage bestätigen? In Ihrem eigenen Leben? Im Beruf? Sonstwo?

Anwendungsmöglichkeiten

Auf welche Weise können Sie – bei der Planung oder beim Kreieren einer Vision in Ihrem Unternehmen – Ihre Leute an den Prozessen teilhaben lassen, um ihr Engagement zu verbessern? Was würde am besten funktionieren? Wo wollen Sie anfangen?

2
Motivation

Über Motivation ist schon mehr Unsinn geschrieben worden als über jedes andere Thema der Weltgeschichte – außer vielleicht über Liebe und Sex. Das hängt wohl damit zusammen, dass es sich mit der Motivation ähnlich verhält wie mit Liebe und Sex: Alle diese Begriffe sind schwer zu fassen und entziehen sich einer klaren Definition. Alles, was man über Motivation sagen kann stimmt – manchmal – aber sehr wenig davon stimmt immer. Und das ist der Grund, warum so viel Blödsinn darüber geschrieben wird.

In Wirklichkeit ist die ganze Sache ziemlich einfach. Letzten Endes geht es um drei Dinge:

1. Man kann andere Menschen nicht motivieren, irgendetwas zu tun.
2. Man *kann* allerdings Situationen schaffen, in denen Leute sich selbst motivieren.
3. Sie müssen Ihren Worten Taten folgen lassen.

Man kann andere Menschen nicht motivieren, irgendetwas zu tun

Dieser Satz erinnert mich an die Zeit, als ich noch ein junger, unerfahrener Manager war, und meine ersten Versuche machte, größere Gruppen zu motivieren. Mein Chef hatte mich in sein Büro kommen lassen und mir gesagt: „Also, mein Lieber, wir haben eine Verkäufertagung. Besorg mir mal ein paar Motivationsfilme." Ich war damals ein braver Junge, also ging ich in die Bibliothek und suchte ein paar Motivationsfilme aus.

Aber als ich mir diese Filme ansah, wurde mir fast übel. Da gab es einen tollen, patenten Seminarleiter, der ein Aspirin im Flug mit einer Luftpistole treffen konnte, und alles lief auf die These heraus, man muss etwas nur richtig wollen, dann kann man es auch.

In einem anderen Film zog ein bekannter pensionierter Trainer Dutzende von Parallelen aus der Welt des Sports. Er beschwor jeden in der Zuhörerschaft, die eigenen Absichten dem Team unterzuordnen. Schließlich gäbe es in dem Wort *Mannschaft* kein I wie in *Ich*.

Die Gedanken waren alle schön und gut. Aber wie sollte das gehen? Wie genau erzeugt man Motivation? Wie können wir unseren Leuten helfen, Trägheit, Angst und Müdigkeit zu überwinden und sich zielgerichtet und produktiv zu verhalten? Denn nur so können sie und die Firma, für die sie arbeiten, die geplanten Ziele erreichen.

Mir wurde schließlich klar, dass Motivation nicht aus Filmdosen kommen kann. Sie entsteht in den Köpfen und Herzen der Betroffenen. Und dazu haben wir keinen Zugang, denn alle Menschen sind und bleiben absolut verschieden und jeder lebt in seiner eigenen Welt. Also werden wir niemals einen anderen Menschen wirklich motivieren können, etwas zu tun – das kann nur aus ihm selbst kommen. Wir können allerdings ein Umfeld schaffen, in dem unsere Mitarbeiter sich selbst motivieren können. Damit wären wir am zweiten Punkt angelangt.

Man kann Situationen schaffen, in denen die Leute sich selbst motivieren

Mitte der 1970er-Jahre leitete ich die Zweigstelle einer Bank einer größeren Finanzbehörde in North Carolina. An einem klaren Wintertag wurde diese Bankfiliale von zwei Räubern überfallen. Einer von ihnen zielte mit einer abgesägten Schrotflinte direkt auf mein Gesicht und schrie: „Geld her!"

Konnte er meine Gedanken lesen? Nein – er war schließlich kein Psychologe. Konnte er in mein Herz dringen? Nein – er war weder mein Kardiologe noch meine Geliebte. Schuf er ein Umfeld, in dem ich mich selbst motivierte? Aber ja. Bekam er das Geld? Aber natürlich.

Das war vielleicht eine Extremsituation. Trotzdem wollen wir uns die Geschichte einmal genauer anschauen, vielleicht können wir ja etwas daraus lernen. Unser Räuber war erfolgreich, weil es ihm gelungen war, eine *übersichtliche Situation* zu schaffen. Das heißt, er half mir zu erkennen, dass ich eine Möglichkeit hatte, das zu erreichen, was ich erreichen wollte (ich wollte mein jugendliches Gesicht unversehrt behalten). Ich brauchte ihm lediglich das zu geben, was er haben wollte (das ganze Geld). Wir machten also ein Geschäft und gingen (d. h. er rannte) zufrieden nach Hause.

Unser Räuber beantwortete mit seiner Schrotflinte als visuelle Hilfe eine elementare Frage, und zwar eine „Was-kommt-für-mich-dabei-heraus"-Frage. Er zeigte mir, welche Vorteile es für mich hätte, wenn ich seinen Wunsch erfüllen würde. Und die Belohnung (mein Leben), die er mir versprach, war mir so viel wert wie das, was er forderte (das ganze Geld).

Jetzt wollen wir uns einmal das dritte Konzept unserer Einleitung anschauen.

Sie müssen Ihren Worten Taten folgen lassen

Das ist im Grunde eine abgedroschene Phrase. Aber es stimmt trotzdem. Ein Manager muss seinen Leuten zeigen, dass er an alles, was er von ihnen verlangt, selbst glaubt, es unterstützt und sich damit identifiziert.

Nehmen wir einmal an, früh zu kommen und spät zu gehen, wäre einer der entscheidenden Werte eines Unternehmens. Wenn Sie dann selbst morgens um neun kommen und um drei Uhr mittags schon wieder gehen, wird es nicht lange dauern, bis

Ihre Mitarbeiter merken, dass Sie persönlich sich nicht an diese Unternehmensdisziplin halten. Und Ihr Mangel an Engagement wird sehr bald dazu führen, dass auch das persönliche Engagement Ihrer Leute nachlässt, was zur Folge hat, dass sie zumindest geistig, wenn nicht sogar körperlich, zwischen acht und neun und zwischen drei und fünf abwesend sind.

In vieler Hinsicht ist dieses Beispiel das Gegenteil der zweiten Regel. Indem Sie als Manager kein persönliches Engagement zeigen, haben Sie ein Umfeld geschaffen, in dem die Mitarbeiter sich selbst *demotivieren*. Die Leistung fällt ab, und das ganze Unternehmen kann dabei nur verlieren. Wie sieht das Gegenmittel aus? WII-FM! Das ist der stärkste Radiosender der Welt (siehe Abbildung 2-1).

Senden Sie über Radio WII-FM

WII-FM ist der stärkste Sender der Welt. Er sendet weltweit und rund um die Uhr. Wir haben das Konzept zum ersten Mal bei der Geschichte des Bankräubers kennen gelernt. Die Buchstaben unseres Radiosenders bedeuten *What's In It For Me* (Was kommt für mich dabei heraus).

Altruisten haben häufig etwas gegen dieses Modell. „Aber was ist mit der Selbstaufopferung?“, sagen sie. „Was ist mit Mutter Teresa? Was ist mit den Soldaten, die ihr eigenes Leben opfern, indem sie sich auf Handgranaten werfen, um ihre Kameraden zu retten?“ Das sind gute Fragen, die wir im weiteren Verlauf in allen Einzelheiten analysieren werden.

Trotzdem weisen diese Fragen nicht etwa auf einen immanenten Fehler dieses Modells hin. Es bringt uns zum Beispiel dazu, unsere Zähne mit Zahnseide zu säubern (WII-FM? Gesunde Zähne), zu joggen (WII-FM? Gesundheit und ein langes Leben) und zu beten (WII-FM? Eine Verbindung zu dem transzendenten Anderen).

Es gibt natürlich auch einen Missbrauch des WII-FM, den wir

Abbildung 2-1: *Der stärkste Radiosender der Welt*

alle schon einmal bei raffgierigen, egoistischen Menschen erlebt haben. Das liegt jedoch nicht an unserem Modell. Wir wollen uns zunächst anschauen, wie man es in der Geschäftswelt und im Management anwenden kann.

Warum haben Sie sich Ihren letzten Wagen gekauft? War es der Preis, das Aussehen? Notwendigkeit? Hier liegt Ihr WII-FM. Nach welchen Kriterien haben Sie sich den Händler ausgesucht? War es der Preis? Freundschaft? Weil er in der Nähe ist? Weil er einen sehr guten Kundendienst anbietet? Das ist Ihr WII-FM. Wir treffen ständig Entscheidungen, die diese Frage beantworten und uns helfen, aus den zahlreichen verwirrenden Optionen auszuwählen. Und das Modell lässt sich genauso auf Motivation wie auf Kaufentscheidungen anwenden.

Warum arbeiten Sie dort, wo Sie arbeiten? Wegen des Gehalts? Wegen der zusätzlichen Leistungen? Wegen der Aufstiegsmöglichkeiten? Das ist Ihr WII-FM. Aus welchem Grund haben Sie den letzten Job abgelehnt? Zu riskant? Zu viel Arbeit? Wären Sie zu lange von zu Hause fort gewesen? Auch das ist Ihr WII-FM. Wir alle orientieren uns ständig und in jeder Beziehung daran.

Und so geht es auch Ihren Mitarbeitern, womit wir bei einer entscheidenden Regel der Motivation angelangt wären.

Wenn Sie geduldig zuhören, werden die Leute Ihnen sagen, was sie motiviert

Niemand hört heutzutage noch zu. (Was hat er gesagt?) NIEMAND HÖRT HEUTZUTAGE NOCH ZU!

Den ganzen Tag über werden wir mit Botschaften bombardiert. Wir wachen auf, wenn der Radiowecker losgeht, wir frühstücken vor dem Fernseher und hören auf der Fahrt zur Arbeit das Radio in unserem Auto. Wir haben Handys, öffentliche Telefone und Freisprechanlagen. Seitenlange Reden und Botschaften erreichen uns über den Pager. Den ganzen Tag lang müssen wir Widerstand gegen eine Flut von Nachrichten leisten. Aber niemand hört uns zu – und das ist schlimm.

Alle Menschen möchten gern, dass man ihnen zuhört. Und wenn wir uns als Manager einmal die Zeit nehmen, unseren Mitarbeitern zuzuhören, werden sie uns sagen, was wichtig für sie ist und was sie motiviert. Unsere Aufgabe ist es, auf ihre Wünsche und Nöte so zu reagieren, wie es unserer Rolle im Unternehmen entspricht. Zuhören – und auf das Gehörte entsprechend eingehen – ist einer der größten Motivatoren, der einem Manager zur Verfügung steht. Ich möchte Ihnen einmal ein Beispiel geben.

Ich arbeitete einmal mit einem Typen zusammen – nennen wir ihn Don – ein intelligenter Mann. Er stammte aus dem Südwesten, war in ärmlichen Verhältnissen aufgewachsen, hatte zwar das College besucht, es aber nicht geschafft. Dann hatte er einen Job bekommen und eine Menge gelernt. Innerhalb von fünfzehn Jahren stieg er ständig in immer verantwortungsvollere Positionen auf und war bald ein geachteter Mann in seiner Branche.

Don arbeitete für mich, und ich brauchte eine Zeit, bis ich gelernt hatte, den Mund zu halten und ihm zuzuhören, sodass ich ihn gut führen und motivieren konnte. Es gab zwei Dinge, die Don anspornten: die äußeren Zeichen der Macht und das Gespräch unter vier Augen mit dem Chef. Das sind nicht gerade Dinge, die mich persönlich zu Höchstleistungen anspornen, also erkannte ich sie auch nicht gleich als wichtige Motivatoren. Statussymbole hatten für Don eine große Bedeutung. Er zählte die Paneele an der Decke und verglich die Quadratmeterzahl seines Büros mit der seiner Kollegen. Wenn sein Büro für seinen Status „zu klein" war, war er beleidigt.

Da mir persönlich solche Dinge nichts bedeuten, brauchte ich lange, bis ich das begriffen hatte. Für mich spielt so etwas keine Rolle, für mich ist nur wichtig, dass das Telefon und die Klimaanlage funktionieren und dass die Beleuchtung in Ordnung ist. Ich bin zufrieden, wenn ich auf einer Colakiste sitzen und an einem Klapptisch arbeiten kann. Aber ich bin nicht Don.

Und es ist auch nicht meine Aufgabe, aus Don einen Menschen wie mich zu machen. Ich muss ihn so nehmen, wie er ist. Als mir klar geworden war, was Don brauchte – und was Teil seiner Persönlichkeit war – konnte ich das akzeptieren und dafür sorgen, dass er das bekam. Als er schließlich einen großen Schreibtisch, eine wunderschöne Anrichte aus Walnussholz und einen wahnsinnig schnellen Computer mit tausend Programmen und Tönen hatte, hatte ich beinahe einen fantastischen Mitarbeiter. Aber nur beinahe.

Das andere, was Don brauchte, war Zeit, in der er mit mir unter vier Augen sprechen konnte. Er brauchte Bestätigung. Er wollte, dass man ihm sagte, dass er nicht mehr das arme Kind war, nicht mehr der schwerfällige Neunzehnjährige, der vom College geflogen war. Es dauerte noch eine Weile, bis ich gelernt hatte, ihm auch in dieser Beziehung zuzuhören. Don hatte mir immer schon sagen wollen, wie ich ihn motivieren könnte, aber ich hatte nicht zugehört.

Ich gehe gern morgens früh zur Arbeit – wirklich früh. Ich habe immer gesagt, dass man morgens zwischen fünf und acht mehr getan bekommt, als zwischen acht und fünf. Also bin ich wieder einmal so früh in der Firma und fische mir Akten aus einem Stapel, der auf meinem Schreibtisch liegt. (Es ist erst zehn nach sieben. Wenn ich mich beeile, kann ich das alles um acht erledigt haben.) Da kommt Don in mein Büro.

„Verdammt“, denke ich. „Hallo“, sage ich. Und Don erzählt mir lang und breit von einem Projekt, das er gerade für mich erledigt hat – und über das er jetzt gern noch einmal reden würde. Er breitet Schaubilder und Fließdiagramme auf meinem Schreibtisch aus, bereitet sich also – wie ich fürchte – auf eine längere Diskussion vor. Da ich ein Anfänger bin, *bin ich viel zu beschäftigt, um ein guter Manager zu sein.* Also sage ich irgendetwas und komplimentiere ihn wieder aus meinem Büro, das er mit hängendem Kopf verlässt.

Wessen Schuld war das? Meine! Don hat mir gezeigt, wie ich ihn motivieren kann. Er möchte mit seinem Chef unter vier Augen reden. Und meine Aufgabe ist es herauszufinden, wie ich ihn motivieren kann, oder ich muss ihm einen anderen Chef suchen, der das besser versteht.

Es gibt zwei Arten von Menschen: die einen reagieren auf Zuckerbrot, die anderen auf die Peitsche

Das bedeutet, dass manche Menschen durch die Aussicht auf eine Belohnung motiviert werden, während die anderen arbeiten, um der Peitsche zu entgehen.

Wir müssen den Leuten zuhören, damit wir erfahren, zu welchem Typ sie gehören. Und wir müssen unsere Mitarbeiter beobachten, weil wir wissen müssen, ob sie das, was sie uns sagen, auch *wirklich tun.*

So wichtig das Zuhören auch sein mag, ist es nicht die einzige Möglichkeit, das Motivationsprofil eines Mitarbeiters zu erkennen. Manchmal äußern sich die Menschen nicht über ihre stärksten Motivatoren. Stattdessen reden sie über diejenigen, von denen sie glauben, dass sie in der Gesellschaft am ehesten akzeptiert werden.

Geld ist zum Beispiel ein häufig sozial akzeptierter Motivator. Wenn Sie eine Gruppe von unzufriedenen Arbeitern fragen, was sie glücklich machen würde, werden sie Geld unweigerlich an erster Stelle nennen. Wenn Sie ihnen dann jedoch eine zehnprozentige Gehaltserhöhung geben und drei Monate später wieder mit ihnen reden, werden sie immer noch unzufrieden sein. Warum? Weil es ihnen in Wirklichkeit nicht nur um Geld geht – es ist womöglich nicht einmal ihr Hauptproblem. Geld war in der gegebenen Situation nur der eine Motivationsfaktor unter vielen anderen, der sich am leichtesten quantifizieren lässt.

Möglicherweise hatten diese Angestellten das Gefühl, dass man sie und ihre Leistung einfach als zu selbstverständlich hinnahm – dass ihnen ihre Vorgesetzten für die harte Arbeit nicht genügend Anerkennung zollten. Und Anerkennung war das, was sie sich wirklich wünschten. Aber nur wenige Mitarbeiter sind in der Lage, ihrem Chef in die Augen zu blicken und zu sagen: „He, Chef, du solltest mich einmal in den Arm nehmen!"

Also sprechen sie stattdessen über Geld, und wir geben ihnen eine Gehaltserhöhung. Und dann wundert sich jeder, warum die Unzufriedenheit bleibt.

Aber wir müssen zuhören, denn nur durch Zuhören können wir erfahren, was die Leute bewegt. Und wir müssen darüber hinaus aufmerksam beobachten, was für unsere Angestellten wichtig ist, denn das kann noch eine stärkere Wirkung haben.

Wenn Sie lange genug zuschauen, werden die Leute Ihnen zeigen, wie man sie motivieren kann

Zuschauen ist mindestens so effektiv wie zuhören, wenn es darum geht herauszubekommen, was einen Mitarbeiter wirklich bewegt. Psychologen sagen uns, dass es sogar leichter sei, die wahre Reaktion eines Menschen an seiner Körpersprache abzulesen als aus seinen Worten. Warum? Weil mein Mund „gut" sagen kann, während meine Augen und mein ganzer Gesichtsausdruck Enttäuschung ausdrücken. Und Augen und Gesichtsausdruck entsprechen am ehesten der Wahrheit.

So vermitteln auch die Angestellten das, was sie am meisten bewegt, dadurch, dass sie dafür Zeit und Mühe aufwenden. Sie verbringen möglicherweise Stunden um Stunden bei ihren Familien, mit ihrem Lieblingssport oder ihrem Hobby. Wenn das der Fall ist, können Sie davon ausgehen, dass Freizeit für diese Menschen der stärkste Motivator ist.

Ich habe einmal mit einem Kunden zusammengearbeitet, der für diese Erkenntnis viel Lehrgeld zahlen musste.

Er war ein außerordentlich erfolgreicher Autohändler, der in seinen zahlreichen Filialen viele Produkte verkaufte. Ende der 1980er-Jahre kaufte er eine heruntergewirtschaftete Firma und versuchte, sie wieder auf Vordermann zu bringen. Ihm fiel auf, dass die Leute in der Kundendienstabteilung außerordentlich langsam arbeiteten, also setzte er den Hebel dort zuerst an.

In einer seiner anderen Filiale hatte der höchstbezahlte Service-Techniker im letzten Jahr 65.000 Dollar verdient – und das war Ende der 1980er-Jahre. Mein Freund setzte sich mit den Technikern der neuen Filiale zusammen und sagte: „Ich habe mir die Unterlagen angeguckt und gesehen, dass die meisten von Ihnen im letzten Jahr nur 25.000 bis 35.000 Dollar verdient haben. Jetzt haben Sie die Chance, bedeutend mehr zu verdienen. Wir werden von frühmorgens bis in die Abendstunden geöffnet haben. Ich werde neue Ausrüstung und Werkzeuge anschaffen, und wir werden unsere Kunden gut bedienen. Die Besten von Ihnen werden in den nächsten zwölf Monaten leicht 50.000 Dollar und mehr verdienen können. Sie müssen nur bereit sein, schneller, intensiver und intelligenter als bisher zu arbeiten. Also, an die Arbeit!" Mit diesen Ermahnungen schickte er sie in die Werkstatt zurück.

Neunzig Tage später hatte sich nichts verändert. Das Tempo war immer noch langsam, und der durchschnittliche Techniker verdiente gerade einmal 2.200 Dollar pro Monat. Mein Freund ließ einen der Vorarbeiter kommen. Er hielt ihm noch einmal den gleichen Vortrag, den er bereits vor drei Monaten gehalten hatte, und machte eine Bemerkung über das immer noch träge Arbeitstempo in der Werkstatt. Dann schwieg er, blickte seinem Angestellten tief in die Augen und fragte: „Was ist los mit euch? Will denn keiner 50.000 Dollar verdienen?"

Was er dann zu hören bekam, war etwas, das ihm hätte auffallen können, wenn er sein Team gleich besser beobachtet hätte.

„Hören Sie zu", sagte der Angestellte, „Sie sind ein netter junger Mann. Ich würde mich freuen, wenn Sie Erfolg hätten. Aber Sie verstehen etwas nicht. Ich habe draußen auf dem Land ein Haus auf einem Grundstück von sechzig Hektar – alles bezahlt. Ich habe einen Lastwagen und ein Fischerboot. In meiner Garage stehen zwei Tiefkühltruhen voll mit Wild, das ich selbst gejagt und aus der Decke geholt habe. Ich will keine 50.000 Dollar im Jahr verdienen. Ich möchte drei Monate im Jahr frei haben, um jagen und angeln gehen zu können. Das möchte ich. Das macht mich an."

Und jetzt wusste mein Freund Bescheid. Er wusste jetzt, wie er seine Mitarbeiter motivieren konnte. Er hatte die richtige Belohnung gefunden, nicht Geld – sondern *Zeit*. Das war das Zuckerbrot, das bei seinen Angestellten die optimale Reaktion auslösen würde. Hätte mein Freund besser aufgepasst, hätte er das schon früher wissen können. Aus dem Verhalten seines Angestellten hätte er schließen können, dass es ihm vor allem um Freizeit ging.

Wir müssen also ständig gut zuhören und aufpassen, damit wir dahinterkommen, wie das Zuckerbrot aussehen muss, mit dem wir unsere Mitarbeiter zu Höchstleistungen anspornen können. Manchmal ist es Geld, manchmal freie Zeit, Anerkennung oder Statussymbole. Es ist nicht unsere Aufgabe, das zu ändern oder zu bewerten. Wir müssen nur erkennen, womit wir unsere Leute motivieren können.

Aber was sollen wir tun, wenn kein Zuckerbrot erkennbar ist – wenn alles Zuhören und alle Beobachtungen keine Hinweise darauf bringen, wie man sie motivieren kann? Manchmal müssen wir dann unsere Taktik ändern.

Man kann viel Zeit damit vergeuden, Peitschen-Typen mit Zuckerbrot zu füttern

Anfang der 1980er-Jahre wurde ich befördert und landete in einer Position, die für mich ein paar Nummern zu groß war. Ich hatte über hundert Mitarbeiter unter mir, und das mit gerade einmal 32 Jahren. Manche der Leute, die für mich arbeiteten, waren älter als mein Vater, einige von ihnen hatten schon gearbeitet, als ich noch gar nicht auf der Welt war.

Ich war ein so genanntes „One-trick Pony", das heißt, das Einzige, was ich konnte, war mit der Fahne wedeln, den Cheerleader spielen, Leuten auf die Schulter klopfen und „hurra" brüllen. Glücklicherweise war mein Vorgänger ein Typ gewesen, den die meisten für einen unsensiblen Tyrannen gehalten hatten, deshalb war es nicht schwer, den Eindruck zu erwecken, als wäre ich ein besserer Manager als er.

Zunächst einmal führte ich eine Art Mitbestimmung ein. Ich fragte die Angestellten und besprach mit ihnen unsere Marktstrategien. Gleichzeitig änderten wir die Unternehmensstruktur, was zur Folge hatte, dass viele befördert wurden oder eine Gehaltserhöhung bekamen. Als ich die Position übernommen hatte, hatten etwa dreißig Prozent der Leute gearbeitet. Als ich mich sechs Monate später umsah, arbeiteten achtzig Prozent.

„Ich bin genial!", dachte ich. Aber ich wollte sie *alle* an die Arbeit kriegen. Also spendierte ich noch eine Runde Gehaltserhöhungen, beförderte viele und gab den Positionen andere Titel. Sechs Monate später arbeiteten 82 Prozent.

Es war klar, dass jeder, der durch Cheerleading und Schulterklopfen, durch neue Titel und den ganzen Wirbel, den ich gemacht hatte, zu motivieren gewesen war, schon beim ersten Mal angesprochen worden war. Jetzt hatte ich mein Pulver verschossen: Ich hatte keine Titel, kein Geld und keine Zeit mehr zu verschenken – mir war das *Zuckerbrot* ausgegangen. Und achtzehn Prozent der Leute arbeiteten immer noch nicht.

Es gab in diesem Team zwei Mitarbeiter, die es mit Sicherheit nicht schaffen würden. Also setzte ich mich ins Flugzeug, flog in den Mittleren Westen und entließ einen von ihnen. Dann setzte ich mich in ein anderes Flugzeug, flog in den Nordosten und legte dem Zweiten nahe, sein Glück bei einer anderen Firma zu versuchen. Als ich wieder nach Hause kam und mich umsah, erlebte ich eine Überraschung – raten Sie einmal: *Alle* arbeiteten. Da wurde mir klar, dass ich im Besitz einer *Peitsche* war, mit der ich mein *Zuckerbrot* ergänzen konnte. Sie können sich vorstellen, was passierte, als sich die Neuigkeit in der Firma herumgesprochen hatte: Die Leute riefen sich gegenseitig an und sagten: „Verdammt! Der junge College-Boy kann tatsächlich auch

Leute entlassen! Ich habe gehört, dass er als Nächstes zu dir kommt."

Leuten, die sich durch Zuckerbrot motivieren lassen, muss man es vor die Nase halten, ihnen Gutes versprechen und ihnen auch tatsächlich Gutes tun. Sie werden auf eine Weise reagieren, die sie selbst überraschen wird – vorausgesetzt, Sie haben gut zugehört und bieten ihnen das Zuckerbrot an, das sie sich wirklich wünschen.

Es gibt jedoch auch Leute, die weder etwas für Zuckerbrot übrig haben, noch sich schlagen lassen. Manche arbeiten, *weil es ihnen Spaß bereitet,* andere wollen *Schmerz vermeiden.* Unsere Aufgabe ist es, so etwas in jedem einzelnen Fall zu erkennen, und unseren Leuten das zu geben, was sie am schnellsten in Bewegung setzt.

Ich bin der Überzeugung, dass wir prinzipiell immer zuerst Zuckerbrot anbieten sollten. Es ist die Pflicht eines Managers, zunächst einmal davon auszugehen, dass jeder Mitarbeiter guten Willens ist und gute Arbeit abliefern will. Auch wenn man mitunter viel Zeit und Geld vergeuden kann, weil man davon ausgegangen ist, dass alle Mitarbeiter Zuckerbrot-Typen sind, ist das immer noch die beste Methode und trägt auch der Würde der Mitarbeiter Rechnung.

Nach der ersten Runde können Sie leicht erkennen, wer nicht reagiert hat. Stellen Sie zunächst sicher, dass alle Mitarbeiter Sie genau verstanden haben. Prüfen Sie sich selbst, ob Sie auch gut zugehört und aufgepasst haben, um die entscheidenden Motivatoren erkennen zu können. Stellen Sie sicher, dass das Zuckerbrot, das Sie den Mitarbeitern angeboten haben, auch das ist, was sie sich gewünscht haben. Wenn sie dann immer noch nicht reagieren, können Sie davon ausgehen, dass es sich um Peitschen-Typen handelt. Und die lassen sich eher durch die Angst vor Schmerzen als durch Lust motivieren.

Wenn Sie Ihre Mitarbeiter beobachten – bei der Arbeit, wenn sie über das reden, was ihnen viel bedeutet und wie sie leben – werden Sie leicht erkennen, ob Zuckerbrot oder Peitsche angebracht sind. Wir wenden diese Erkenntnisse bei unserem Motivationsmodell (Abbildung 2-2) an.

Wir wollen dieses Modell einmal Schritt für Schritt analysieren und dabei mit der allerersten Frage beginnen: „Wenn ich es nicht kann, lohnt sich dann überhaupt der Versuch?" Diese Frage begleitet alle Motivationsversuche, denn wenn man Leuten eine wichtige Aufgabe überträgt, von der sie glauben, dass sie sie nicht lösen können, werden es die meisten gar nicht erst versuchen, ganz gleich wie die Belohnungen oder Folgen aussehen (also ob Zuckerbrot oder Peitsche, um in unserem Bild zu bleiben).

Wir haben also vor allem und zuerst die Pflicht sicherzustellen, ob die Person, die wir sorgfältig ausgewählt, gut ausgebildet und entsprechend ausgerüstet haben, und die gestellte Aufgabe gut zueinander passen. Darüber hinaus sind vertrauensbildende Maßnahmen wichtig, damit die Angestellten auch daran glauben, dass sie die Aufgabe wirklich lösen können.

Wenn wir dann den richtigen Mann am richtigen Platz haben, können wir zu dem Motivationsmodus Zuckerbrot/Peitsche übergehen:

Am Punkt B der Abbildung 2-2 sehen wir unseren Angestellten, der uns bittet, ihm etwas von dem Sender WII-FM vorzuspielen. „Was kommt für mich dabei heraus?", fragt er. Wenn ich das tue, bekomme ich dann eine Belohnung – bekomme ich dann Zuckerbrot? Wenn ich es nicht tue, werde ich dann die Folgen tragen müssen – wird die Peitsche auf mein dickes Fell klatschen?

Am Punkt B kommt das ins Spiel, was wir durch unser Zuhören und unsere Beobachtung über die entscheidenden Motivatoren gelernt haben. Und es muss durchaus nicht immer Zuckerbrot sein. Wir sind schnell bereit, die Peitschen-Typen zu verurteilen, dabei sind wir im Grunde alle eine Mischung aus Zuckerbrot- und Peitschen-Typen.

Steuern und Geschwindigkeitsbegrenzungen sind gute Beispiele für die Peitschen-Komponente der Motivation selbst der

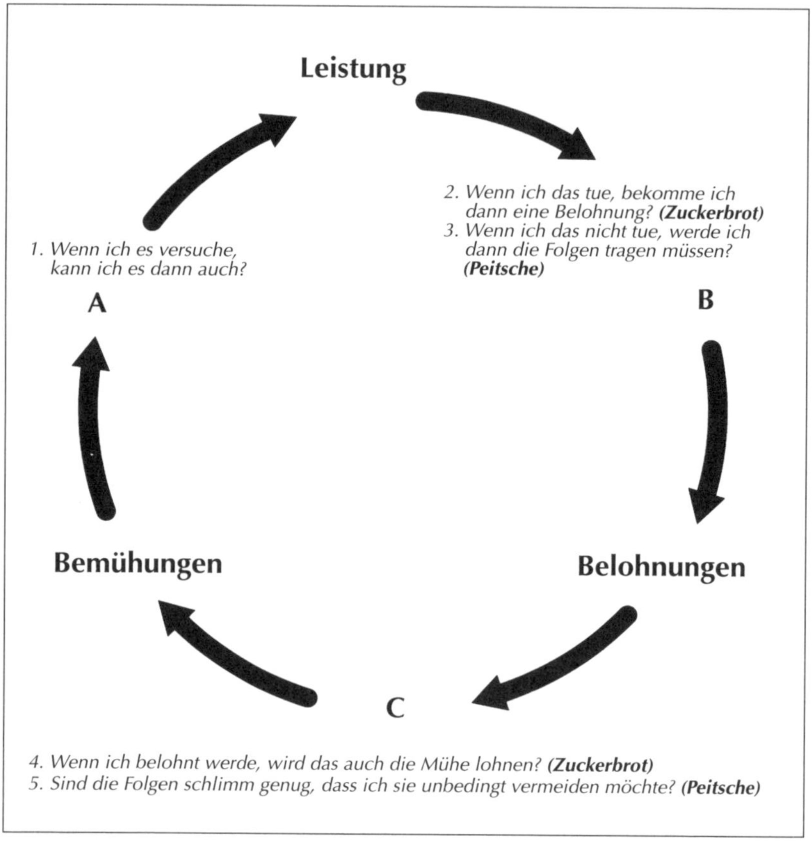

Abbildung 2-2: *Ein Motivationsmodell* (aus Hayes and Associates, *Managing Employee Performance*)

Motiviertesten unter uns. Denken Sie einmal an die letzte längere Fahrt über die Autobahn. Wie hoch war die Geschwindigkeitsbegrenzung? 100 km/h? Wie schnell sind Sie gefahren? 120? 130? Warum sind Sie nicht 160 gefahren – dann wären Sie mit Sicherheit schneller am Ziel gewesen.

Mit großer Wahrscheinlichkeit sind Sie aus einem der folgenden drei Gründe nicht 160 gefahren:

1. Sie hatten Angst, eine Verwarnung zu bekommen, was Sie Zeit und Geld gekostet hätte.
2. Sie hatten Angst, Ihr Auto zu beschädigen oder sogar umzukommen, und das hätte Sie dann wirklich Zeit und Geld gekostet.
3. Sie hatten Angst vor einer Auseinandersetzung mit Ihrem Ehepartner *(„Bist du wahnsinnig?")* oder einem Beifahrer, und das hätte Sie Respekt gekostet und Sie dumm aussehen lassen.

Es gab kein „Zuckerbrot" als Belohnung dafür, dass Sie die Geschwindigkeitsbegrenzung beachtet haben. Sie könnten vielleicht ein gutes Gefühl haben, weil Sie ein gesetzestreuer Bürger gewesen sind, na und? Keiner sieht das so. Keiner ist Ihnen mit gutem Beispiel vorangegangen. Tatsächlich bestimmt in den meisten Fällen die Peitsche die Geschwindigkeit, mit der wir fahren.

Genauso ist es, wenn Sie Vater Staat Geld schulden. Wann haben Sie Ihre Steuerschuld überwiesen? Am 15. April? Warum nicht am 1. März, dann hätten Sie sich wie ein vorbildlicher Bürger fühlen können, der auf anderthalb Monate Zinsen verzichtet hätte. Ist das nicht eigentlich Zuckerbrot genug – dieser tief empfundene (wenn auch nicht direkt zum Ausdruck gebrachte) Dank Ihres Finanzamts?

Warum haben Sie umgekehrt das ganze Geld nicht einfach zurückbehalten? Schließlich macht die Regierung das mit Ihnen auch so. Sie wollten einfach eine Steuerprüfung vermeiden, nicht wahr? Und diese Bedrohung genügt uns allen als Peitsche.

Wenn wir in unserer Firma die richtige Person für eine bestimmte Aufgabe ausgesucht haben, bieten wir Zuckerbrot und Peitsche an, so wie es angemessen ist. Entscheidend für die Motivation ist, dass man das *Zuckerbrot anbietet, das dem Angestellten am besten schmeckt,* und dass er vor der *Peitsche, die wir schwingen, Angst hat.*

Meine Mutter sagte immer: „Ich werde dir den Hintern versohlen." Ich habe das mehrmals erlebt, es tat nicht weh. Das heißt, ihre „Peitsche" konnte mich nicht besonders motivieren. Aber dann fügte sie hinzu: „Und wenn ich dir den Hintern versohlen muss, werde ich es deinem Vater sagen, wenn er nach Hause kommt, und der wird dich dann noch einmal übers Knie legen."

Na ja... ich habe von ihm Dresche bezogen, und es lohnte sich wirklich, das zu vermeiden. Meine Mutter schwang also eine zusätzliche Motivations-„Peitsche", was mich dann dazu anspornte, mich ordentlich zu benehmen. Damit hatte sie ihr Ziel erreicht. Ich riss mich zusammen, um den Prügeln meines Vaters zu entgehen.

Bei den „Zuckerbrot"-Leuten stammt der Antrieb vor allem aus den Fragen 2 und 4 (siehe Abbildung 2-2). Bei „Peitschen"-Typen sind es eher die Fragen 3 und 5. Keiner ist besser oder schlechter, aber es kann sehr hilfreich sein, wenn man bei der Arbeit weiß, mit wem man es zu tun hat.

Wie bereits erwähnt ist jeder Mensch eine Mischung aus Zuckerbrot- und Peitschen-Typ. Die meisten von uns beachten Geschwindigkeitsbegrenzungen und zahlen ihre Steuern aus Gründen, die in den Fragen 3 und 5 behandelt wurden, also ein klares Peitschen-Modell. Fast alle Menschen lieben ihre Haustiere und ihre Familie, was wiederum mit den Fragen 2 und 4 zusammenhängt. Wir alle fühlen uns durch ein liebes Lächeln belohnt und wir bringen dafür große Opfer.

Die Gesamtzahl der Motivatoren in der Welt ist überraschend klein – und wirft ein Licht auf das universelle Wesen der Motivation. Es gibt vielleicht zwanzig Zuckerbrot-Motivatoren und etwa genauso viele Peitschen-Motivatoren. Wenn Sie sich die Listen auf den Abbildungen 2-3 (Zuckerbrot) und 2-4 (Peitsche) anschauen, werden Sie wahrscheinlich alle Motivatoren finden, die in Ihrem Leben eine Rolle spielen.

Nicht alle funktionieren jederzeit und für jeden. Oft ist es eine komplizierte Angelegenheit, eine Motivation richtig einzuschätzen. Sie sind beispielsweise womöglich außerordentlich motiviert, eine neue Fertigkeit zu erlernen, bei der Sie die neueste Technologie einsetzen können (ein Zuckerbrot aus der Liste in Abbildung 2-3). Kurzfristig kostet Sie das Erlernen dieser Fertigkeit Zeit und bringt Schwierigkeiten mit sich (eine Peitsche aus der Liste in Abbildung 2-4). Sie lernen es trotzdem, weil die langfristigen Vorteile den kurzfristig entstehenden Aufwand rechtfertigen.

Manchmal kann es schwer sein, den Motivator für eine bestimmte Aktion zu erkennen, es sei denn, man schaut ganz genau hin und vergisst vorübergehend einmal die eigenen Wertvorstellungen und das eigene Motivationsprofil.

Was bewegte Mutter Teresa dazu, die Sterbenden in Indien zu pflegen? Ging es ihr um Geld? War es eine Gelegenheit, we-

Belohnungen/Zuckerbrot		
• Mehr Geld verdienen	• Weniger Geld ausgeben	• Mehr sparen
• Kürzere Arbeitszeit	• Mehr spielen	• Mehr Freizeit
• Gehör finden	• Weniger Streit haben	• Anerkannt werden
• Geborgenheit	• Sicherheit	• Mit Leuten arbeiten, die man mag
• Autonomie	• Zu einem Gewinnerteam gehören	• Etwas Neues lernen
• Spaß haben	• Mit neuen Technologien arbeiten	• Etwas tun, das Bedeutung hat
• Sich selbst verwirklichen	• Mehr Verantwortung tragen	• Bescheid wissen
• Einer höheren Instanz (z.B. Gott) dienen		
• In den Augen einer oder aller der folgenden Gruppen einen guten Eindruck machen:		
+ Selbst	+ Ehepartner	
+ Freunde	+ Familie	
+ Lieferanten	+ Kunden	
+ Angestellte/Mitarbeiter	+ Kollegen/Mitarbeiter	
+ Chef	+ Gemeinde	

Abbildung 2-3: *Die universellen Motivatoren* (aus McNair, J. Frank, *Leadership and Management SuccesSkills*)

niger zu arbeiten – sich zu entspannen? War es die komfortable Unterbringung oder die luxuriöse Garderobe? War es womöglich sogar der Friedensnobelpreis?

Die Antwort findet sich in der inzwischen legendären Geschichte über Mutter Teresa. In einem längeren Interview bemerkte ein Reporter: „Ich würde das nicht für eine Million Dollar machen!"

Mutter Teresa erwiderte: „Ich auch nicht."

Wenn wir uns Abbildung 2-3 anschauen, können wir eine Vermutung äußern, die sich auf die Motivation der Arbeit von Mutter Teresa bezieht: Sie wollte Gott, also einem höheren Ziel dienen, sich selbst verwirklichen, und etwas tun, was ihr Freude machte. Sie war mit Sicherheit hoch motiviert – arbeitete viele Jahre lang viele Stunden täglich für einen sehr geringen Lohn. Ihre Motivatoren waren mit Sicherheit andere, als die, die uns auf Anhieb einfallen. Es ist aber wichtig, sich das zu vergegenwärtigen, weil sie auch die richtigen Motivatoren für einige unserer Mitarbeiter sein können.

Ein weiteres Beispiel: Was motiviert Mitarbeiter von Greenpeace, sich mit ihren kleinen Schlauchbooten einem riesigen atomkraftgetriebenen Kriegsschiff in den Weg zu stellen? Tun sie das, weil es ihnen Spaß macht, in der Bugwelle zu ertrinken? Oder bereitet es ihnen Vergnügen, sämtliche zivilen und Marinegefängnisse der Häfen, in denen sie demonstrieren, von innen kennen zu lernen? Das mag auf Einzelne zutreffen, aber ich möchte wetten, sie tun das aus dem gleichen Grund wie Mutter Teresa – sie wollen der Menschheit dienen.

Möglicherweise sind unsere wichtigsten Motivatoren die gleichen wie die unserer Mitarbeiter, vielleicht aber auch nicht. Doch das spielt im Grunde keine Rolle. Unsere Aufgabe ist es, die Motivatoren zu entdecken, die das maximale, zielgerichtete Verhalten unserer Untergebenen auslösen, um sie ihnen anbieten zu können. Wir müssen dabei das Zuckerbrot und die Peitsche finden, die unseren Leuten helfen, für sich selbst und für das Unternehmen gute Arbeit zu leisten.

Konsequenzen/Peitsche		
• Weniger Geld verdienen	• Mehr Geld ausgeben	• Weniger sparen
• Längere Arbeitszeit	• Weniger spielen	• Keine Freizeit
• Kein Gehör finden	• Häufiger Streit haben	• Nicht anerkannt werden
• Weniger Geborgenheit	• Weniger Sicherheit	• Mit Leuten arbeiten, die man nicht mag
• Keine Autonomie	• Zu einem Verliererteam gehören	• Nichts Neues lernen
• Keinen Spaß haben	• Mit alten Technologien arbeiten	• Nichts von Bedeutung tun
• Schmerz empfinden		
• Nicht in der Lage sein, einer höheren Instanz (z.B. Gott) zu dienen		
• In den Augen einer oder aller der folgenden Gruppen einen schlechten Eindruck machen:		
+ Selbst + Freunde + Lieferanten + Angestellte/Untergebene	+ Ehepartner + Familie + Kunden + Kollegen/Mitarbeiter	

Abbildung 2-4: *Die universellen Motivatoren* (aus McNair, J. Frank, *Leadership and Management SuccesSkills*)

Man kann jeden einzelnen Faktor ins Gegenteil verkehren. Ich meine damit, dass aus „mehr Geld verdienen" (Zuckerbrot) „weniger Geld verdienen" (Peitsche) werden kann. Man kann das jedoch nicht auf alles anwenden. Wenn man den Leuten mit dem Verlust der Sicherheit droht, so ist das eine schlechte „Peitsche", denn damit kann man niemanden motivieren. Sicherheit dagegen ist ein „Zuckerbrot". Ein Dreizehnjähriger, der über die Eisenträger einer Baustelle balanciert, dürfte allerdings kaum durch den Wunsch nach Unsicherheit motiviert werden, sondern durch die bewundernden Blicke der Altersgenossen, die unten stehen und ihn anfeuern. Hier ist der wahre Motivator also keine „Peitsche" (Mangel an Sicherheit), sondern ein „Zuckerbrot" (Bewunderung der Menge).

Goldene Regel für Manager: Behandle die anderen so, wie sie behandelt werden möchten!

Jeder von uns kennt die Goldene Regel „Was du nicht willst, das man dir tu, das füg' auch keinem anderen zu". Wir kennen sie seit dem Kindergarten und sie begleitete uns in allen Lebenslagen. Sie enthält eine Wahrheit, die uns allen das Leben erleichtern würde, wenn wir sie befolgten.

Diese Goldene Regel ist allerdings auch in mannigfacher Weise verändert worden, sodass sie eine weniger positive Sicht der Welt widerspiegelt. Die goldene Regel des Geldes wird von großen Teilen unserer Gesellschaft beherzigt („Die, die das Geld haben, machen die Regeln"). In der Geschäftswelt hört man oft die goldene Regel der Zyniker („Hau die anderen über's Ohr, bevor sie es mit dir machen").

Wenn man jedoch Leute motivieren möchte, sollte man sich an die goldene Regel des Unternehmers halten („Behandle die anderen so, wie sie behandelt werden möchten!"). Diese Regel fasst alles zusammen, was wir bisher besprochen haben. Als Manager müssen wir denen zuhören, die wir führen möchten, und müssen sie beobachten, damit wir erfahren, wie „sie behandelt werden wollen".

Wenn unsere Mitarbeiter Zuckerbrot-Typen sind, versuchen wir, sie mit den Dingen zu motivieren, die die besten Ergebnisse bringen und in Abbildung 2-3 genannt sind, also die Dinge, die am ehesten ihrem Motivationsprofil entsprechen.

Sind unsere Mitarbeiter dagegen – aus welchem Grund auch immer – Peitschen-Typen, orientieren wir uns an der Liste der Abbildung 2-4. Wir müssen ihnen klar machen, dass eine minderwertige Leistung letzten Endes Konsequenzen haben wird, die sich auf die Peitsche beziehen, die sie am meisten fürchten.

In beiden Fällen erreichen wir durch unsere Bereitschaft „andere so zu behandeln, wie sie behandelt werden wollen", dass sie ihr Bestes geben. Wir müssen dahinterkommen, auf welche

Weise wir sie dazu bringen können. Indem wir für sie eine Situation schaffen, in der sie die angemessene Peitsche oder das angemessene Zuckerbrot bekommen, leisten wir ihnen, dem Unternehmen und uns selbst einen guten Dienst.

Diese goldene Regel der Manager zeigt uns, wie wir den Leuten das bieten können, was sie in ihrem tiefsten Inneren erwarten, und wir werden von ihnen das bekommen, was wir brauchen, das heißt einen zielgerichteten, produktiven Beitrag zu unseren Unternehmenszielen. Und das kann für alle Beteiligten nur von Vorteil sein.

Der Kern unserer Diskussion – und die Zusammenfassung dieses Kapitels – ist in Abbildung 2-5 dargestellt, in der Motivations-Charta.

Mitarbeiter
sind motiviert, wenn

sie glauben, dass ihr Versuch *(Bemühung)*
auch von Erfolg gekrönt *(Leistung)*
und belohnt werden wird *(Belohnung)*

und

sie glauben, dass sie, wenn sie keinen Erfolg haben *(keine Leistung)*
die Folgen tragen müssen *(Konsequenz)*,
und dass diese Konsequenzen so hart sein werden,
dass es sich lohnt, sie zu vermeiden.

Abbildung 2-5: *Die Motivations-Charta*

GRUNDREGELN FÜR DIE MOTIVATION

- Man kann andere Menschen nicht motivieren, irgendetwas zu tun.
- Man kann Situationen schaffen, in denen die Leute sich selbst motivieren.
- Sie müssen Ihren Worten Taten folgen lassen.
- Senden Sie über Radio WII-FM.
- Wenn Sie geduldig zuhören, werden die Leute Ihnen sagen, was sie motiviert.
- Es gibt zwei Arten von Menschen: die einen reagieren auf Zuckerbrot, die anderen auf die Peitsche.
- Wenn Sie lange genug zuschauen, werden die Leute Ihnen zeigen, wie man sie motivieren kann.
- Man kann viel Zeit damit vergeuden, Peitschen-Typen mit Zuckerbrot zu füttern.
- Goldene Regel für Manager: Behandle die anderen so, wie sie behandelt werden möchten!

Fragen, die zum Nachdenken anregen sollen

1. Wie reagieren Sie intuitiv auf WII-FM? Finden Sie auch, dass es der stärkste Radiosender der Welt ist? Wenn ja, warum, wenn nein, warum nicht?
2. Haben Sie schon einmal in Ihrer Managerlaufbahn bestimmte Hinweise übersehen, aus denen Sie die wichtigsten Motivatoren eines Mitarbeiters hätten erkennen können? Was ist passiert?
3. Haben Sie schon einmal versucht, einen Peitschen-Typen mit Zuckerbrot zu motivieren? Was ist passiert?
4. Haben Sie jemals für einen Chef gearbeitet, der seinen Worten keine Taten folgen ließ? Wie hat sich das auf Ihre eigene Motivation ausgewirkt?

Anwendungsmöglichkeiten

Stellen Sie sich einmal vor, Sie wären mit einem Angestellten konfrontiert, der nicht die von Ihnen erwartete Leistung bringt. Könnte er das schaffen, was Sie von ihm verlangen, wenn er sich entsprechend bemühen würde? (Punkt A in Abbildung 2-2). Wenn ja, wie können Sie eine Situation schaffen, in der er sich selbst motiviert? Welche Art von Zuckerbrot oder Peitsche wären angebracht? Können Sie diesen Angestellten so behandeln wie er behandelt werden möchte?

3
Erwartungen

Setzen Sie klare Ziele

Während Motivation ein Begriff ist, der in der Welt der Manager immer wieder diskutiert wird, kommt die klare Formulierung der Erwartungen (also die Zielsetzung) meist zu kurz.

Das liegt wohl hauptsächlich daran, dass die meisten Leute nicht begriffen haben, um was es dabei geht – sie haben keine genaue Zielvorstellung. So haben sogar viele Manager *keine genaue Vorstellung davon, wie das erwartete Ergebnis aussehen soll.* Letzten Endes wird ihnen das großen Ärger und ihren frustrierten Angestellten zusätzliche Arbeit bescheren.

Ein Beispiel: Ich sitze gemütlich in meinem Büro und mache meine Arbeit als leitender Angestellter einer größeren internationalen Firma der Konsumgüterindustrie. Mein Chef schaut kurz vorbei und sagt zu mir: „Hören Sie mal Frank, ich habe um vier Uhr ein Meeting mit unserem stellvertretenden Geschäftsführer. Können Sie mir bis dahin die Planzahlen für den Verkauf im nächsten Jahr zusammenstellen?" Sprach's und verschwand auf dem Weg zu einer anderen Konferenz.

Ich fange an zu arbeiten. Möchte er das Ganze in Stückzahlen oder in Beträgen? Gesamtzahlen oder regional aufgeschlüsselt? Regional scheint mir sicherer zu sein, ich kann ja zusätzlich den erwarteten Gesamtumsatz aufaddieren. Ich frage mich, an welchen Zeitraum er dabei gedacht hat. Wöchentlich? Quartalsweise? Jährlich? Ich stelle wöchentliche Voraussagen zusammen und addiere zum Schluss die einzelnen Quartale und das gesamte Jahr.

Die ganze Sache dauert Stunden, sodass ich erst in letzter Sekunde durch seine Tür schleiche, als er sich gerade auf den Weg machen will, um an der Besprechung teilzunehmen. Ich lege den dicken Packen Papier, das noch warm vom Kopierer ist, in seine Hand.

„Was ist das?", fragt er erstaunt. „Ach ja, die Voraussage. Du lieber Gott, so viel Arbeit hätten Sie sich damit nicht machen müssen. Ich brauchte eigentlich nur den zu erwartenden Jahresumsatz in Dollar."

Ich unterdrücke meinen Ärger und gehe wütend in den Pausenraum. Was für eine Frustration. Soll ich das Ganze noch einmal überarbeiten oder ihn einfach gleich umbringen?

Man kann ein Ziel nur treffen, wenn man es sehen kann

Im Geschäftsleben würde alles reibungsloser ablaufen, wenn den Managern klar wäre, dass ihre Angestellten ein Ziel nur erreichen können, wenn sie es auch sehen.

Das heißt: „Können Sie mir einmal genau sagen, was Sie von mir erwarten?"

Ein Beispiel: Wir verlassen jeden Tag um 11.55 Uhr unser Büro, um irgendwo essen zu gehen. Nehmen wir einmal an, wir gehen in ein Burger-Restaurant, wo uns die gut ausgebildete Bedienung begrüßt und unsere Bestellung aufnimmt.

Stellen Sie sich vor, Sie würden ihr sagen: „Ich möchte Mittagessen."

Was würde dann passieren? Sie haben ihr gesagt, was Sie wollen, ein Mittagessen. Das ist alles. Es gibt dann verschiedene Möglichkeiten, die Sie aber sicher alle nicht zufrieden stellen werden.

Wenn die Bedienung gestresst ist, wird sie Sie ratlos anschauen und den Manager holen. Sie weiß genau, dass sie ein Ziel, das sie nicht sieht, auch nicht treffen kann.

Wenn die Bedienung bequem ist, wird sie Ihnen das Gericht

bringen, was am nächsten auf der Wärmeplatte ist, und das ist wahrscheinlich nicht das, was Sie haben wollten – zum Beispiel das Fisch-Sandwich – nicht gerade das Beste in einem Burger-Restaurant.

Die Bedienung, die sich besonders auf ihre Gäste konzentriert, wird nachdenken und Ihnen das bringen, was sie selbst am liebsten mag, und auch das ist nicht unbedingt Ihr Lieblingsgericht.

Das Schlimmste, was Ihnen allerdings passieren kann, ist, dass der Chef des Ladens seinen Angestellten die Order gegeben hat: „Ihr müsst zuerst diese Burger verkaufen, die liegen schon zu lange herum, noch drei Minuten länger, dann können wir sie wegwerfen." Also würden Sie einen alten Hamburger bekommen, bei dem das Fett bereits auf dem Salat geronnen ist. Das ist die Folge, wenn Sie sich nicht klar genug ausgedrückt haben.

Kenner der Fastfood-Szene wissen genau, wie man in einem solchen Schnellrestaurant ein gutes Essen bekommt. Man muss seine Bestellung zum Beispiel folgendermaßen formulieren: „Ich hätte gern einen Big Burger, ohne Sauce, doppelte Portion Zwiebeln, kein Ketchup." Wenn Sie so bestellen, werden Sie mit Sicherheit einen Hamburger frisch vom Grill bekommen, (auch wenn der Typ hinter dem Tresen Sie böse anguckt und Sie bittet zur Seite zu treten und *bitte* auf die Bestellung zu warten).

Aber letzten Endes werden Sie genau das bekommen, was Sie haben wollten, also einen heißen Hamburger, der speziell für Sie gegrillt wurde. Und das Ganze hat geklappt, weil Sie der Person hinter dem Tresen ein genaues Ziel vorgegeben haben.

Und genauso ist es im Geschäftsleben. Tagtäglich kommt es auf der ganzen Welt zu Begegnungen zwischen Chefs und Angestellten, bei denen beide Teile frustriert sind, weil keiner sich klar genug ausgedrückt hat, wer was für wen tun soll, wann es erledigt sein muss und welche Mittel ihm dabei zur Verfügung stehen. Wenn jeder ein klares Bild seiner Zielvorstellungen geben würde, hätten wir dieses Problem nicht.

Was müssen wir also tun, wenn wir den Wunsch unserer Angestellten nach einer klaren Zielvorgabe erfüllen wollen?

Zuallererst dürfen wir eine elementare Grundregel nicht vergessen, die oft übersehen wird.

Nicht jeder ist in Ihrem Haus aufgewachsen

Die Nichtbeachtung dieser Grundregel hat die Manager schon bei vielen Diskussionen über Leistung in die Irre geführt. Wir machen Fehler beim Umgang mit den anderen, weil wir automatisch davon ausgehen, dass die Leute, mit denen wir reden, die gleichen Erfahrungen gemacht haben wie wir, dass sie von den gleichen Leuten erzogen und ausgebildet worden sind, und über das gleiche Wissen verfügen wie wir.

Das stimmt natürlich nicht. Wenn wir Anweisungen geben, dürfen wir das nie vergessen. Wir müssen die Wissenslücken unserer Angestellten ausfüllen. Wir dürfen nie davon ausgehen, dass, nur weil wir etwas wissen oder auf eine bestimmte Weise tun würden, das Gleiche auch auf sie zutrifft.

Ein weiteres Beispiel aus der Schnellimbissbranche kann das anschaulich machen.

In einer dieser Ketten wurden neu eingestellte Mitarbeiter zuerst für einfachere Arbeiten eingesetzt – den Parkplatz fegen, Müll wegbringen, die Tische sauber machen, das Lokal oder die Toiletten putzen. Schauen wir uns einmal ein Szenario an, bei dem ein Assistent des Managers einen übereifrigen neuen Mitarbeiter auffordert, das Restaurant sauber zu machen.

Manager: „Also, Sie haben jetzt den ganzen Papierkram erledigt und Ihre neue Uniform bekommen. Können Sie jetzt mit der Arbeit beginnen?"

Neuer Mitarbeiter: „Jawohl!"

Manager: „Gut. Machen Sie das Restaurant sauber."

Neuer Mitarbeiter: „Alles klar."

Manager: „Wir wollen uns das einmal ansehen." *Er wirft ei-*

nen Blick in den Raum, in dem die Mülleimer überquellen, Abfälle auf der Erde herumliegen, die Tische voller schmutzigem Geschirr sind, Fingerspuren auf den Fensterscheiben und Müll, wohin man blickt. „Ich möchte, dass Sie hier alles so sauber machen, als wäre es Ihr eigenes Esszimmer."

Neuer Mitarbeiter: „Okay, Trainer. Aber sagen Sie einmal – das ist ja jetzt schon sauberer als mein eigenes Esszimmer. Was soll ich denn da noch machen?"

Natürlich ist unser neuer Mitarbeiter nicht im Hause des Managers groß geworden. Das ist nicht seine Schuld, sondern der Manager war dafür verantwortlich, *diese Situation dadurch zu entschärfen, dass er ihr mit einer klaren Erwartungshaltung begegnete.*

Hier werden wir mit einer logischen Konsequenz der Grundregel „Nicht jeder ist in Ihrem Haus aufgewachsen" konfrontiert. Überall auf der Welt hört man Manager sagen: „Aber das gehört doch einfach zum *gesunden Menschenverstand*!" Doch das stimmt nun mal nicht, zumindest noch nicht. Zuerst einmal müssen wir ein klares Bild des Ziels entwerfen, und solange das nicht der Fall ist, sind unsere Erwartungen weder vernünftig noch allgemeingültig.

Gesunder Menschenverstand und Allgemeinbildung sind heutzutage seltener als man glaubt

Wenn ich mit Gruppen arbeite und über den gesunden Menschenverstand rede, stelle ich gewöhnlich die Frage: „Wer von Ihnen weiß, von welcher Seite man auf ein Pferd steigt?" In der Regel wissen das weniger als die Hälfte der Zuhörer.

Vor hundert Jahren gehörte es noch zum gesunden Menschenverstand, so etwas zu wissen – es sei denn, man zog es vor, zu Fuß zu gehen. Heute haben wir Autos, Eisenbahnen, Flugzeuge und U-Bahnen, und die wenigsten Menschen reiten noch.

Von welcher Seite man ein Pferd besteigt gehört eben heute nicht mehr zum Allgemeinwissen. Und hier liegt auch das Risiko. (Man besteigt ein Pferd übrigens von der linken Seite.)

Da sich der Begriff des gesunden Menschenverstands ständig ändert, und da nicht alle Menschen die gleichen Erfahrungen gemacht haben, müssen wir zunächst klarstellen, ob wir mit den gleichen Definitionen arbeiten.

Vor einigen Jahren kam ein Freund (ein intelligenter, studierter Mann) zu mir und bat mich, ihm einen Marketingplan zu entwerfen.

Ich weiß, was ein Marketingplan ist, denn ich habe in den ersten zehn Jahren meiner Berufslaufbahn im Marketing gearbeitet. Ich entwarf ihm also einen erstklassigen Plan, der verschiedene Grundziele enthielt, einschließlich der Strategien und Taktiken, mit denen man sie erreichen konnte. Ich ging sogar so weit, die Ausführung mit Terminen und Aktionsplänen vorzubereiten. Es war ein absolut zuverlässiger Marketingplan – eine meiner besten Arbeiten.

Als ich ihm das Werk übergab, war er aber zutiefst enttäuscht. Was er erwartet hatte, war kein *Marketingplan,* sondern die *Durchführung eines solchen Plans.*

Wer hatte Unrecht? Keiner und doch beide. Er hatte mich um das gebeten, was er *glaubte, haben zu wollen,* und ich hatte ihm das gegeben, *was er meiner Meinung nach von mir erwartet hatte.* Wir waren beide davon ausgegangen, dass wir die gleiche Sprache sprechen. Im Hinblick auf diese Erwartung hatten wir uns beide bitter enttäuscht, was letzten Endes zum Bruch unserer Freundschaft führte. Das ist das große Risiko bei nicht klar definierten Erwartungen – wenn wir voneinander enttäuscht werden, entstehen Risse in den Arbeitsbeziehungen, aus denen schließlich eine unüberbrückbare Kluft werden kann.

Eine klar definierte Zielvorgabe ist eine elementare Verpflichtung aller Manager, die sich Gedanken über die Leute machen, mit denen sie zusammenarbeiten. *Ihre Mitarbeiter können Ihre Erwartungen nur dann erfüllen, wenn sie sie genau kennen.* Und da sie keine Hellseher sind, müssen Sie es ihnen genau erklären. Manchmal ist es sogar noch besser, wenn Sie es ihnen *zeigen.*

Mein Großvater war Ölhändler, der für Gulf Oil in North Carolina gearbeitet hat. Ende der 1950er-Jahre fuhr ich mit ihm von einer Tankstelle zur anderen, wo er mit den Pächtern darüber sprach, wie man den Umsatz fördern könnte. (Das war zu der Zeit, als immer mehr Amerikaner mit dem Auto in die Ferien fuhren.)

Die Theorie meines Großvaters, die er in der Praxis entwickelt hatte, sah so aus: Saubere Toiletten sind attraktiv für die Frauen, sodass sie ihren Männern sagen, wo sie anhalten sollen. Also war es für ihn sehr wichtig, dass alle Tankstellen absolut saubere Toiletten und Waschräume hatten.

Mein Großvater, ein stämmiger Mann Ende fünfzig, inspizierte persönlich die Toiletten einer jeden Tankstelle, an der wir hielten. Wenn die Räume sauber waren, dankte er dem Manager, erklärte ihm noch einmal, warum das so wichtig war und fuhr weiter.

Wenn die Räume nicht sauber waren, machte er kein großes Theater, sondern empfand es als seine Pflicht, dem Tankstellenpächter zu erklären, was er persönlich unter sauber verstand. Seine Aufgabe war es, „seine Vorstellungen klar zum Ausdruck zu bringen". Statt Theater zu machen, zeigte er den Leuten, was er meinte.

Er nahm seinen Strohhut ab und hängte ihn auf die Türklinke, zog seine Jacke aus und hängte sie an die Tür. Dann krempelte er die Ärmel hoch, steckte seine Krawatte in das Hemd, nahm die Putzsachen aus dem Kofferraum seines Wagens und schrubbte höchstpersönlich auf den Knien den Waschraum.

Wenn er fertig war, blickte er den völlig verblüfften Pächter an und sagte: „Ist Ihnen jetzt klar, was ich unter einem sauberen Waschraum verstehe?"

„Ja, Sir, jetzt weiß ich, was Sie meinen."

„Und genau so sollen von heute an die Toiletten jedes Mal

aussehen, wenn ich vorbeikomme. Haben Sie begriffen, warum das so wichtig ist? Oder haben Sie noch Fragen?"

In der Regel wusste der Betroffene genau, warum das so wichtig war, und hatte keine Fragen mehr. Wenn mein Großvater das nächste Mal vorbeikam, waren die Toiletten sauber.

Warum war er mit seiner Methode so erfolgreich? Erstens glaubte er daran, dass es gut sei, den Leuten Mut zu machen, also gab er ihnen Zuckerbrot und ließ die Peitsche stecken. Zweitens gab er ihnen eine klare Zielvorstellung. Und drittens ging er nicht davon aus, dass diese Leute wussten, was er unter „sauber" verstand. „Sauber" bedeutet für jeden etwas anderes. Wenn Sie Ihre Vorstellung von sauber realisiert sehen wollen, müssen Sie genau sagen – oder zeigen – was Sie persönlich darunter verstehen.

Wenn ein Ziel auch nur einen Pfifferling wert sein soll, muss es sich an den SMART-Kriterien orientieren

Wenn Sie ein Bild des Ziels entwerfen wollen, sollten Sie sich an SMART-Kriterien orientieren. SMART ist ein Akronym, das Sie in Abbildung 3-1 finden.

S steht für *Specific.* Sie müssen genau wissen, was Sie wollen. Wollen Sie ein *Mittagessen* oder wollen Sie einen *Big Burger ohne Sauce und ohne Ketchup mit einer doppelten Portion Zwiebeln?*

M steht für *Measurable* (messbar). Sie müssen Ihrem Mitarbeiter erklären, nach welchen Kriterien Sie die Leistung bemessen wollen – welche Messmethoden angewendet werden, wie Sie die Daten sammeln wollen, wer genau die Daten sammeln wird und wann das geschehen soll.

A steht für *Attainable* (erreichbar). Das Ziel muss schwierig genug zu erreichen sein, damit der Angestellte sich Mühe geben muss, aber nicht so schwierig, dass er es nicht erreichen kann.

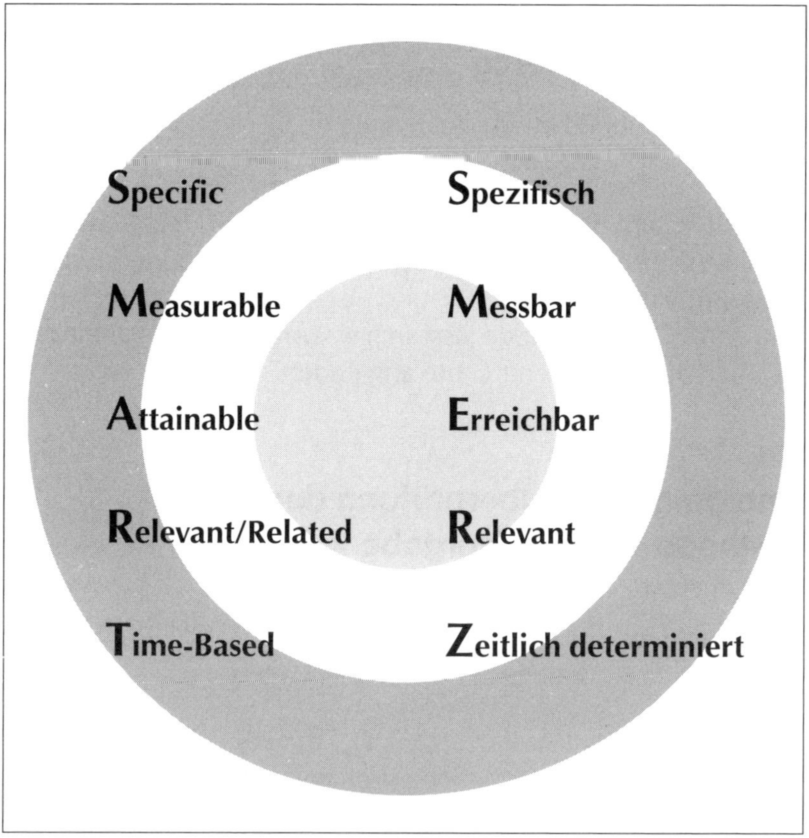

Abbildung 3-1: *Entwerfen Sie ein klares Bild des Ziels (indem Sie sich an den SMART-Kriterien orientieren).*

R steht für *Related* (relevant). Beziehen Sie sich bei der Zielsetzung auf ein persönliches Ziel des Angestellten, der Arbeitsgruppe und der übergeordneten Unternehmensstruktur – ein Ziel, das durch die Bemühungen des Mitarbeiters erreicht werden kann.

T steht für *Time-based* (zeitlich determiniert). Damit ist gemeint, dass Sie einen Zeitpunkt festsetzen, an dem das Projekt beendet sein muss, dazu einen Zwischentermin, damit Sie sehen können, wie gut das Projekt vorankommt.

Die meisten Arbeiten werden erst am letzten Tag fertig

Wir brauchen darüber gar nicht zu diskutieren, wütend zu werden oder uns zu wünschen, die Menschen würden sich ändern. Sie sollten sich dessen einfach nur bewusst sein und Zwischentermine setzen, an denen Sie genau ablesen können, welche Fortschritte man gemacht hat, und ob das Projekt pünktlich fertig sein wird. Diese Methode lässt sich sowohl auf die eigene Arbeit als auch auf die anderer Leute anwenden.

Eine detaillierte Überprüfung der SMART-Methode einer Zielvorgabe

Wir wollen uns die SMART-Methode einmal Punkt für Punkt ansehen.

SMART: Specific
Das *S* steht für „specific" – spezifisch. Wir haben den Begriff bereits in dem Beispiel mit dem Hamburger erklärt, wir wollen jetzt das Ganze noch vertiefen. In dem Hamburger-Beispiel waren wir spezifisch im Hinblick auf unsere Bestellung. Im Geschäftsleben müssen wir uns folgende Fragen stellen: Welche Ressourcen stehen uns zur Verfügung? Wie hoch ist das Budget? Gibt es eine Vorlage, an der ich mich orientieren kann? Können mir andere Mitarbeiter bei dem Projekt helfen? Welche Priorität hat das Ganze? Werden meine anderen Projekte davon beeinflusst?

Bei diesem Teil unseres SMART-Akronyms beschäftigen wir uns mit der *Spezifizierung* des Projekts. Danach müssen wir uns darum kümmern, wie wir die Fortschritte messen wollen.

SMART: Measurement (Messen)
Das *M* in SMART steht für Messen. Ich hatte einmal einen Untergebenen, der chronisch zu spät kam. Als ich es endlich leid war, sagte ich zu ihm: „Wenn Sie noch ein einziges Mal zu spät kommen, werden ich Sie entlassen." Der Mann sah mich mit unbewegter Miene an und fragte: „Nach Ihrer Uhr oder nach meiner?"

Und genau das versuche ich, hier klar zu machen: Sie müssen *vor* einem Gespräch klären, *wer Buch führt über den Ablauf* und *wie Buch geführt wird,* denn nur so können Sie es vermeiden, in unangenehme Situationen zu kommen.

Suchen Sie sich die geeigneten Messmethoden aus und stellen Sie sicher, dass Sie die Dinge messen, die relevant sind.

Sie bekommen immer nur das, was Sie zählen

Ich habe einmal als Verkaufsleiter einer Firma für Autobatterien gearbeitet. Zugegeben, der Job war eine Nummer zu groß für mich. Sie können jetzt von einem der Fehler profitieren, die ich damals gemacht habe.

Als ich die Position angenommen hatte, wurde mir sofort klar, dass die meisten der Leute nicht besonders fleißig waren. Also setzte ich neue Leistungsnormen fest. Ich forderte jeden Verkäufer auf, mehr Kundenbesuche zu machen, wobei ich naiverweise davon ausging, je mehr Besuche desto mehr Verkäufe.

Falsch. Falsch. Falsch. Die Leute machten also jede Menge Kundenbesuche. Ich hatte so viele Berichte, dass mein Schreibtisch beinahe unter der Papierflut zusammenbrach. Aber es passierte nichts. Es gab keine neuen Aufträge. Warum? *Ich zählte die falschen Dinge.* Ich hatte die Leute gebeten, mehr Kundenbesuche zu machen. Aber deshalb *bekamen sie noch lange nicht mehr Aufträge.* („Warum sollen wir uns krumm legen? Er wollte doch nur mehr Besuche!")

Da ich jedoch eine intelligente und entscheidungsfreudige Führungskraft war, änderte ich meine Strategie. Die Verkäufer wurden jetzt nach der Zahl der neuen Kundenkonten bewertet. Ich stellte mir vor, dass neue Kundenkonten automatisch höhere Umsätze bedeuteten. *Es ging jetzt also nicht mehr um Kundenbesuche, sondern um die Eröffnung neuer Kundenkonten.*

Wieder falsch. Wir bestückten Schwimmbäder, Friseure, Pornoläden und Massagesalons mit Autobatterien, die dort wie Blei herumstanden. Warum? Weil die Leute zwar verkauften, aber an der falschen Stelle. Das war nicht ihre Schuld, sondern meine. *Ich zählte die falschen Dinge.*

Beim dritten Durchgang schaffte ich es endlich. Wir schufen eine neue Bemessungsgrundlage, wir zählten nur neue Umsätze mit neuen profitablen Kunden, und erreichten so endlich das erwünschte Umsatzvolumen. Ich hatte dazu allerdings drei Versuche gebraucht, und die ersten beiden hatten uns Zeit und Geld gekostet. Ich hatte meine Mitarbeiter und mich selbst frustriert, weil ich nicht die Leistung bekommen hatte, die ich erwartet hatte. Und das hing ausschließlich damit zusammen, dass ich *die falschen Dinge gezählt hatte.* Erst als ich die neuen, profitablen Aufträge der neuen Kunden zählte, bekam ich die gewünschten Resultate. (Und selbst dann zählte ich noch nichts, was eine gute Betreuung der existierenden Kunden förderte. Aber das ist eine andere Geschichte.)

Also denken Sie gut nach, bevor Sie Ziele setzen. Vergessen Sie nie, dass Sie von Ihren Leuten durchaus erwarten dürfen, dass sie etwas tun. Aber wenn Sie das erwarten, müssen Sie vorab eine klare Zielvorgabe machen. Und dabei müssen Sie darauf achten, dass Sie auch das zählen, was Sie erreichen wollen. *Denn Sie bekommen immer nur das, was Sie zählen.*

SMART: Attainable (erreichbar)

Viele Leute übersehen das *A* in SMART, dabei ist es entscheidend. In meinen Seminaren erkläre ich den Leuten immer wieder: „Wenn jemand nicht daran glaubt, dass er etwas erreichen kann, wird er es auch gar nicht erst versuchen."

Ich werde Ihnen das an einer Geschichte zeigen: In einer

Pause bei einem Workshop gehen wir alle zum Fahrstuhl und fahren zur obersten Etage eines 25 Stockwerke hohen Gebäudes. Wir gehen aufs Dach und treten an den Rand. Ich erkläre allen, dass ich schon vielen Leuten mit großem Erfolg das Fliegen beigebracht habe. Ich sage: „Sie haben ungefähr fünfzehn Minuten Zeit für Trockenübungen, dann lasse ich Sie einen nach dem anderen hier heruntersegeln. Mal sehen, wie das klappt. Wer möchte zuerst fliegen?" Kein Mensch sagt etwas. Warum? Weil jeder weiß, dass so etwas nicht möglich, *nicht erreichbar* ist. (Obwohl manchmal ein ganz Schlauer sagt: „Wissen Sie, ich kann so etwas am besten lernen, wenn man es mir vormacht. Springen Sie zuerst und zeigen Sie mir, wie das geht. Ich springe dann als Nächster.") Wenn ein Ziel nicht erreichbar ist, wird auch niemand einen Versuch machen.

Auf der anderen Seite erinnern wir uns alle noch an die Fabel von der Schildkröte und dem Hasen. In diesem Fall erschien dem Hasen die Aufgabe (ein Rennen gegen die Schildkröte) einfach zu *leicht*. Er ließ sich viel Zeit, machte zuerst ein Mittagsschläfchen, sodass die Schildkröte ihn besiegen konnte.

Wenn wir unseren Leuten Ziele setzen, suchen wir den berühmten goldenen Mittelweg. Die Ziele müssen schwierig genug sein, um eine Herausforderung darzustellen, dürfen die Mitarbeiter aber nicht entmutigen. Das ist eine komplizierte und sehr wichtige Aufgabe.

SMART: Relevant

Das *R* in SMART steht für relevant. Unsere Aufgabe ist es, das Ziel mit dem Zuckerbrot zu verbinden, von dem der Mitarbeiter träumt, oder mit der Peitsche, vor der er sich fürchtet. Das gelingt dann am besten, wenn unser Ziel auf mehreren Ebenen relevant ist, wenn es mit einer Belohnung oder Bestrafung verbunden ist, die sowohl für den einzelnen Mitarbeiter als auch für die Arbeitsgruppe oder das ganze Unternehmen eine Bedeutung haben. Am besten ist es, wenn der Einzelne, der der Arbeitsgruppe oder dem Unternehmen hilft, ein bestimmtes Projekt zu verwirklichen, damit gleichzeitig auch ein persönliches Ziel erreicht. Wir haben das bereits im zweiten Kapitel behandelt.

SMART: Time-based (zeitliche Determinierung)
Das *T* in SMART steht für die zeitliche Determinierung. Zeit ist eine wichtige Komponente, denn die meisten Leute tun etwas nur dann, wenn ihre Leistung zeitlich definiert ist. Wenn Sie dem Finanzamt Geld schulden, und die Steuererklärung nicht am 31. Mai fällig würde, würden Sie sie dann schon vorher abgeben? Nie im Leben. Aber Sie wissen, dass Sie sie letzten Endes abgeben müssen, weil Sie sonst ziemlichen Ärger bekommen. Das hat nichts damit zu tun, dass Ihnen das Spaß macht, sondern damit, dass das Finanzamt den Termin gesetzt hat und auch darauf achtet, dass Sie ihn einhalten. Die Zeit läuft am 31. Mai um Mitternacht ab, und wenn Sie die Erklärung um 23.59 Uhr abgeben, haben Sie das gute Gefühl, noch in der Zeit zu sein.

SMART ist sicher keine Zauberei und es ist auch nicht ungewöhnlich komplex. Trotzdem wird es Ihre Tätigkeit als Manager revolutionieren und achtzig Prozent Ihrer negativen Erfahrungen eliminieren. Ihr Team wird ohne Einschränkungen wissen, was Sie brauchen, wie Sie seine Arbeit bewerten werden, warum sie so wichtig ist und wann sie fertig sein muss.

Denken Sie bei Ihren Zielsetzungen immer an die SMART-Methode. Machen Sie klare Zielvorgaben.

GRUNDREGELN FÜR ERWARTUNGEN
- Setzen Sie klare Ziele.
- Man kann ein Ziel nur treffen, wenn man es sehen kann.
- Nicht jeder ist in Ihrem Haus aufgewachsen.
- Gesunder Menschenverstand und Allgemeinbildung sind heutzutage seltener als man glaubt.
- Wenn ein Ziel auch nur einen Pfifferling wert sein soll, muss es sich an den SMART-Kriterien orientieren.

- Die meisten Arbeiten werden erst am letzten Tag fertig.
- Eine detaillierte Überprüfung der SMART-Methode einer Zielvorgabe.

Fragen, die zum Nachdenken anregen sollen

1. Wann haben Sie es schon einmal erlebt, dass ein Chef Ihnen kein klares Ziel vorgegeben hat? Was geschah dann? Wer war stärker frustriert, Sie oder Ihr Chef?
2. Nicht jeder ist in Ihrem Haus aufgewachsen. Was gibt es, das Sie bei sich zu Hause gelernt haben, was nicht *jeder* wissen kann?
3. Haben Sie bei bestimmten Leistungsvorgaben schon jemals eine falsche Bemessungsgrundlage angewandt? Welche Folgen hatte das?
4. Denken Sie noch einmal über das SMART-Modell nach. An welchem Punkt machen Sie Ihrer Meinung nach ständig Fehler?

Anwendungsmöglichkeiten

Auf welche Weise können Sie Ihren Angestellten klarere Zielvorgaben machen. Wie wird sich das auswirken? Wann genau wollen Sie damit beginnen?

4

Gut, wenn einer etwas kann; besser, wenn er es anderen auch beibringen kann

Um eine optimale Leistung zu erreichen, muss man seinen Leuten zuerst klare Ziele vorgeben, dann kann man dazu übergehen, ihnen etwas beizubringen.

Unsere Gesellschaft nimmt Lehrern und auch Trainern gegenüber eine etwas seltsame Position ein. Trainer siegreicher Teams stehen hoch im Kurs und werden wegen ihrer überlegenen Taktik wie Helden betrachtet. Wenn die ihnen Anvertrauten erfolgreich sind, verdienen sie sehr viel Geld. Lehrer sind dagegen oft gezwungen, ihre Arbeit mit beschränkten Mitteln zu leisten und müssen sich häufig mit Schülern herumschlagen, die viel lieber etwas anderes täten. Dieser Gegensatz ist überraschend, denn *beide gehören zur gleichen Berufsgruppe.* Sowohl Trainer als auch Lehrer haben die Aufgabe, Wissen von einem Kopf in den anderen zu transferieren, beide helfen den ihnen Anvertrauten, eine Aufgabe so gut wie möglich zu lösen. Und das ist auch die Herausforderung, vor der die Leute stehen, die den Mitarbeitern in einem Unternehmen etwas beibringen sollen.

Unser Verständnis (und die Wertschätzung) der Lehrer spiegelt sich in unseren Äußerungen über sie und ihre Arbeit wider. Sie haben bestimmt schon einmal die alte Redensart gehört: „Wer etwas kann, tut es. Wer es nicht kann, lehrt es." Das ist genau der gleiche Unsinn wie der Spruch: „Wenn du so schlau bist, warum bist du dann nicht reich?" Klugheit und Reichtum korrelieren nur sehr selten, wenn überhaupt, miteinander. Und unter den verschiedenen Faktoren der menschlichen Intelligenz, gehört der, der einen Menschen in die Lage versetzt, viel Geld zu machen, nicht unbedingt zu den wertvollsten, und er kommt auch gar nicht so selten vor.

In anderen die Liebe zum Lernen zu wecken, ist dagegen ein bedeutend kostbareres Talent. Die Fähigkeit, die Fertigkeiten, die eine bestimmte Aufgabe erfordert, und die Motivation, sie gut zu machen, von einer Person auf die andere zu übertragen, ist echte Arbeit. Lehren und Trainieren sind sehr wichtige Tätigkeiten. Wenn Sie von Natur aus dazu begabt sind, sollten Sie Ihrem Schöpfer danken. Wenn das nicht der Fall ist, können Sie diese Fähigkeit aber durch harte Arbeit und Disziplin entscheidend verbessern.

Wenn Sie das lernen wollen, werden Sie sehr bald merken, was es mit der scheinbaren Leichtigkeit, mit der Lehrer und Trainer Informationen vermitteln und aus ihrem Team Höchstleistungen herausholen, auf sich hat. Glücklicherweise gibt es ein paar Grundregeln, die Ihr Verständnis für die Voraussetzungen, die ein guter Lehrer mitbringen muss, vertiefen können. Sie können Ihnen dabei helfen, Ihre Kompetenz und Fähigkeit als Lehrer und Trainer zu verbessern.

Der gesunde Menschenverstand ist heutzutage seltener als man glaubt (zweite Version)

Bevor wir darüber nachdenken, wie wir bessere Lehrer und Trainer werden können, sollten wir zunächst einmal die operativen Annahmen überprüfen, die die Grundlage unserer Arbeit bilden. Bei unserer ersten Grundregel werden wir einen alten Freund aus dem dritten Kapitel wiedersehen: „Der gesunde Menschenverstand ist heutzutage bei weitem nicht mehr so häufig anzutreffen wie früher."

Diese Grundregel enthält eine elementare Wahrheit. Sie haben in Ihrer Berufslaufbahn sicher schon einmal den alten

Spruch gehört: „Whenever you assume, you make an ‚ass' out of ‚u' and ‚me'."

Unsere Grundregel unterstreicht das. Als Lehrer vergessen wir oft, wie man uns die ersten Informationen über einen bestimmten Sachverhalt vermittelt hat. Wir gehen automatisch von einem Niveau aus, das weder unseren Schülern gegenüber fair ist noch uns als Lehrern helfen kann. Wenn wir uns vor Augen halten, dass nicht jeder in unserem Haus aufgewachsen ist, begreifen wir, dass das, was für uns zum Allgemeinwissen gehört, unserem Schüler völlig unbekannt sein kann.

Um dem entgegenzuwirken, fangen wir mit den Grundlagen an: Definitionen der wichtigsten Begriffe, Erklärung der elementaren Vorgänge, Begründung für unser Tun und Definition des Ziels, das wir im Interesse des Unternehmens erreichen wollen. Erst danach sind wir in der Lage, über Unterschiede im Lernstil der uns Anvertrauten nachzudenken.

Menschen lernen auf unterschiedliche Weise: Wenn Sie erfolgreich sein wollen, müssen Sie eine Methode entwickeln, die dem Lernstil des Mitarbeiters am ehesten entspricht

Menschen lernen auf unterschiedliche Weise. Wenn Sie ein guter Lehrer sein wollen, müssen Sie dem Rechnung tragen. Manche Leute lernen am besten *durch Sprechen,* das heißt, sie lernen am besten, wenn sie anderen den Stoff erklären können. Dann gibt es die *kinästhetischen* Typen. Solche Leute lernen am besten, wenn sie etwas anfassen oder mit den Dingen manuell umgehen können. Bei ihnen hilft Lesen nicht viel, sie müssen im wahrsten Sinne des Wortes etwas „begreifen".

Es gibt auch noch den *akustischen* Typ. Er lernt durch Hören. In einer Vorlesung von fünfzehn Minuten Länge lernt er mehr als wenn er drei Stunden lang in einem Buch liest. Und es gibt noch den *visuellen* Typ. Er lernt am besten durch Lesen. Solche Leute fühlen sich am wohlsten, wenn sie ein Lehrbuch in den Händen haben. Nach zwei- bis dreistündigem Lesen oder Anschauen eines guten Trainingsvideos beherrschen sie ein Thema von Grund auf. Leider ist dieser Typ seltener als in den meisten Lehrplänen berücksichtigt wird. Um wirklich effektiv zu sein, müssen wir alle Lehrmethoden kombinieren, damit auch wirklich jeder die Informationen aufnehmen kann, die wir vermitteln wollen. Abbildung 4-1 zeigt eine schematische Übersicht über die Lernstile.

Lerntyp	Beschreibung	Mögliche Berufe
Sprechtyp	Lernt, indem er spricht. Muss „sprechen, um zu wissen".	Lehrer, Professor, Verkäufer, Marketing-Profi, Sänger, Unternehmensberater, Werbetexter
Kinästhetisch-empirischer Typ	Lernt durch Berühren und Tun. Muss Körperkontakt mit dem Objekt haben.	Ingenieur, Architekt, Bildhauer, Tänzer, Koch, Mechaniker, Techniker, Chirurg, Performance-Künstler, Sportler
Akustischer Typ	Lernt durch Hören. Kann sich das Gehörte gut merken.	Musiker, Psychologe, Psychiater, Unternehmensberater
Visueller Typ	Lernt, was er sieht oder liest. Man spricht oft von einem fotografischen Gedächtnis.	Buchhalter, Anwalt, bildender Künstler, Grafiker, Designer

Abbildung 4-1: *Menschen lernen auf unterschiedliche Weise. Um möglichst effektiv zu sein, müssen wir die Methode anwenden, die dem Lernenden am meisten liegt.*

Ein paar Beispiele könnten in diesem Zusammenhang hilfreich sein. Eine meiner Partnerinnen in unserer Unternehmensberatung arbeitet bereits seit einigen Jahren als Spezialistin für Videoseminare. Sie ist eine außerordentlich intelligente, attraktive und kompetente Mitarbeiterin – es macht Freude, mit ihr zusammenzuarbeiten.

Was ihren Lernstil anbetrifft, bin ich jedoch von verschiedenen falschen Voraussetzungen ausgegangen. Das erschwerte ihr das Erlernen der Fertigkeiten, die für unsere Zusammenarbeit erforderlich waren. Ich war davon ausgegangen (erinnern Sie sich an unsere Warnung vor Annahmen!), dass sie auf die gleiche Weise lernen würde wie ich. Ich versuchte also, ihr beizubringen, wie man ein verhältnismäßig kompliziertes Gerät bedient, indem ich mit ihr darüber sprach und es gleichzeitig vorführte. Ich sprach mit ihr darüber (akustisch) und zeigte es ihr (visuell). Aber das funktionierte nicht.

Nach einiger Zeit sah sie mich an und sagte: „So kann ich das nicht begreifen. Ihr Reden verwirrt mich und die Demonstration lenkt mich nur ab. Seien Sie einmal still und lassen Sie mich ganz in Ruhe. Geben Sie mir die Betriebsanleitung und lassen Sie mich das selbst herausfinden." Das tat ich dann auch und siehe da, es funktionierte.

In diesem Fall hatte ich Glück gehabt, weil die betroffene Person ihren Lernstil kannte. Sie war also in der Lage, selbst zu entscheiden, wie sie das Ganze lernen wollte. Und ich konnte meinerseits darauf entsprechend reagieren. Sie haben womöglich nicht so viel Glück, weil Ihre Schüler nicht immer sagen können, wie sie am besten lernen. Es gibt aber Gott sei Dank noch eine andere Methode, den Lernstil eines Menschen zu ermitteln.

Wenn Sie lange genug zuschauen und zuhören, werden die Leute Ihnen sagen, wie sie am liebsten lernen würden

In dem Kapitel über Motivation haben wir bereits eine ähnliche Beobachtung gemacht. Jetzt wollen wir einmal untersuchen, auf welche Weise die Leute uns mitteilen, wie sie am liebsten lernen würden. Am besten lässt sich das an einer vertrauten Situation darstellen.

Ein verliebtes Paar hat sich einen neuen Gasgrill gekauft. Voller Besitzerstolz bringen sie ihn nach Hause, um ihn in ihrem Hobbyraum im Keller zusammenzubauen. Die Frau (eine Buchhalterin) packt sorgfältig alle Teile aus und sortiert sie auf dem Boden, um sie mit der Packliste zu vergleichen. In der Zwischenzeit zieht sich ihr Mann (ein Verkäufer) um.

Als er zurückkommt, hat sie alle Teile ordentlich sortiert und die Betriebsanleitung bereits zur Hälfte gelesen. Er kümmert sich überhaupt nicht darum, sondern lässt sich in der Mitte auf dem Boden nieder, nimmt das größte Teil in die Hand und fragt sie: „Wo gehört das wohl hin?"

Wir brauchen das Szenario nicht weiter auszumalen. Wir haben so etwas schon tausendmal im täglichen Leben und in Fernsehkomödien gesehen, viele von uns haben es sogar persönlich erlebt. Die Frau ist in diesem Beispiel – sowohl ihrer Ausbildung als auch ihrer Neigung nach – ein visueller Typ. Sie hat alles sortiert und gezählt und hat sich in die Betriebsanleitung vertieft. Sie setzt alle Stärken des visuellen Typs ein. Der Mann dagegen scheint eine Mischung aus Kinästhetiker und Sprechtyp zu sein. Er setzt sich mitten zwischen die Einzelteile, greift sich das größte und fängt an zu reden.

Keiner von beiden hat Recht, keiner Unrecht. Sie sind einfach nur sehr verschieden. Aber durch sein Verhalten zeigt der eine dem anderen, wie er am liebsten lernt.

Ihre Schüler verhalten sich genauso – Sie geben Ihnen durch ihre alltäglichen Verhaltensweisen und Reaktionen auf das, was um sie herum passiert, Hinweise darauf, wie sie gern lernen würden.

Noch ein letztes Beispiel aus meinem eigenen Leben. Meine Frau ist eine sehr begabte Wassersportlerin und hat in ihrem Leben viel Zeit im und am Wasser verbracht. Als wir heirateten war ich dagegen eine richtige Landratte. Ich konnte zwar schwimmen, hatte aber keine Ahnung vom Segeln, Wasserski,

Angeln, Windsurfen oder irgendeiner anderen Wassersportart, die ihr so viel Spaß machen. Als wir ein paar Jahre verheiratet waren, versuchte sie, mir das Segeln beizubringen.

Laura ist eine ausgezeichnete Lehrerin, und sie begann ganz vorsichtig, mir zu zeigen, wie man segelt. Dabei wandte sie die Methoden an, die bei ihr am besten funktionierten. Sie gab mir klare, präzise Anweisungen (für meinen Geschmack ging sie dabei viel zu pedantisch und dominierend vor). Sie zeigte mir, was eine Halse oder eine Wende ist, warum man das Nothalsen vermeiden sollte, und so ging das immer weiter *ad infinitum, ad nauseam, ad divorcium.*

Im Gegensatz zu meiner Partnerin aus dem vorigen Beispiel hatte ich damals noch keine Ahnung von den unterschiedlichen Lernstilen und konnte Laura daher auch nicht sagen, wie ich lieber lernen würde. Stattdessen nahm ich Zuflucht zu einem altehrwürdigen Beziehungsmodell: Ich schrie sie jedes Mal an, wenn sie etwas von mir verlangte, wozu ich überhaupt keine Lust hatte. Überflüssig darauf hinzuweisen, dass die Schreierei die Wogen unserer maritimen Beziehung nicht gerade glättete. Mir wurde sehr bald klar, dass ich schnellstens eine neue Lernmethode finden müsste, weil ich sonst allein in den Sonnenuntergang segeln würde. Und das lag nun wirklich nicht in meiner Absicht.

Also stand ich im Sommer, wenn wir an der Küste waren, morgens ganz früh auf und brachte mir in den Stunden zwischen sechs und acht selbst das Segeln bei. Und dabei lernte ich, dass ich ein empirischer Typ bin. Ich lerne Dinge nur, indem ich sie tue. Ich muss etwas anfassen können, es fühlen, es erleben. Jede andere Form des Lernens mag mir zwar bestimmte Fakten vermitteln, lässt mich aber nie die Informationen so vollständig verarbeiten, wie es erforderlich ist.

Man sollte dem Schüler Gelegenheit geben, die Lösung einer Aufgabe selbst zu entdecken

Ganz gleich, welchen Lehrstil ein Mensch bevorzugt, und auf welche Weise wir selbst am besten lehren, unser Ziel ist immer das Gleiche: Der Lernende soll das Ganze selbst entdecken. Wir warten also auf den Augenblick, in dem unser Schüler das so genannte Aha-Erlebnis hat und die Bedeutung des Themas erkennt. Wenn er selbst die Lösung findet, ist das allemal besser, als wenn wir sie ihm vermitteln. Nur durch diese Art des Lernens wird Wissen auf der Festplatte in unserem Gehirn gespeichert. Wir können uns dann noch Jahre später daran erinnern, was wir gelernt haben und warum.

Ein einfaches Beispiel für diese Art des Lernens lässt sich an kleinen Kindern beobachten, die in der Küche in der Nähe eines Herdes spielen. Die Mutter zeigt darauf und sagt: „Heiß! Nicht anfassen!" Auf diese Weise will sie dem Kind beibringen aufzupassen. Sie hat dem Kind klar gemacht, dass der Gegenstand heiß ist und es sich daran die Finger verbrennen kann. Das Kind hört aufmerksam zu, tapst dann zu dem Herd, fasst ihn an und stimmt ein lautes Gebrüll an. Es hat in diesem Fall selbst die entscheidende Entdeckung gemacht und wird sich mit Sicherheit immer daran erinnern, wie heiß der Herd war und dass es ratsam ist, ihn beim nächsten Mal nicht mehr zu berühren.

Wenn sich so etwas oft genug wiederholt, wird es folgende Konsequenzen haben: Erstens wird die Mutter ihre Lehrmethode ändern, weil sie erkannt hat, dass ihr Kind am besten lernt, wenn es selbst die Erfahrung macht. Zweitens wird das Kind lernen, der Mutter zu vertrauen, weil es erlebt hat, dass das, was die Mutter gesagt hat, auch tatsächlich stimmt. Wenn sie sagt, dass man sich an dem heißen Herd die Finger verbrennt, ist das wirklich so. Und drittens wird das Kind nach und nach lernen, was es tun darf und was nicht.

Die eigene Erfahrung ist immer besser als etwas, das ein anderer uns beibringen will. In der Geschäftswelt müssen wir als Trainer oder Lehrer unseren Schülern die Möglichkeit bieten, ihre eigenen Erfahrungen zu machen, ohne sich dabei gleich umzubringen, die Firma zu ruinieren oder auf andere Weise dem Unternehmen zu schaden.

Wir wollen uns einmal ein paar Möglichkeiten anschauen, wie Lehrer und Trainer zu solchen eigenen Erfahrungen geführt werden können. Ein Beispiel, das einem in diesem Zusammenhang sofort einfällt, ist die Verwendung von Simulatoren bei der Ausbildung von technischem Personal in Atomkraftwerken und von Piloten. Hier werden die Auszubildenden mit äußerst kritischen Umständen konfrontiert, bei denen sie unmittelbar und entschlossen eingreifen müssen, um eine Katastrophe zu verhindern. Sie können sich angesichts dieser simulierten Katastrophe selbst prüfen, ohne Angst haben zu müssen, dass es gleich das Leben kostet. Das macht diese Methode so effizient. Und das ist auch der Grund, warum die Fallmethode in so vielen Business-Schulen in den USA angewendet wird – die Fälle sind dann eine simulierte Form der Interaktion des Managements.

Auch die nächsten beiden Grundregeln haben etwas mit dem Lernen aus Erfahrung zu tun.

Niemand stellt seine eigenen Daten infrage

Bob Pike, einem der besten Trainerausbilder Amerikas, verdanke ich diese Grundregel (Pike, Robert W., *Creative Training Techniques Handbook*). Sie hat etwas mit dem Lernen aus Erfahrung zu tun, denn wenn man auf diese Weise lernt, sammelt man seine eigenen Daten. Und mithilfe dieser Daten kann man das neue Wissen auf die Festplatte des Gehirns laden und es bei Bedarf abrufen.

Als Lehrer und Trainer helfen wir den Leuten, aus eigener Kraft die nötigen Daten zu sammeln, indem wir ihnen Gelegenheit dazu geben und ihnen zuhören, nicht indem wir ihnen etwas erzählen. Das kann frustrierend sein, denn auf kurze Sicht kostet das mehr Zeit, als es ihnen zu erklären. Auf lange Sicht ist es jedoch bedeutend effizienter, denn wenn die Leute in einem bestimmten, für das Lernen besonders geeigneten Umfeld reden, werden viele verschiedene Lernstile berücksichtigt. Die Sprechtypen können reden, die akustischen können zuhören. Selbst die Kinästhetiker kommen auf ihre Kosten, denn sie können mit den Ideen spielen, sie im übertragenen Sinn drehen und wenden oder in ihrer Fantasie mit den Fingern berühren. Und während diese Ideen entwickelt – oder wenn Sie so wollen, die Daten gesammelt werden – können die Lernenden das Thema besser und vollständiger ausloten und in ihrem Langzeitgedächtnis speichern.

Es ist leichter, die Leute durch Zuhören zum Lernen zu bringen, als dadurch, dass man versucht, sie dazu zu überreden

Lehren ist in vieler Hinsicht eine Frage der Motivation. Es handelt sich dabei zwar um eine ganz spezielle motivationale Situation, trotzdem ist es Motivation. Eine entscheidende Lernmotivation entsteht dadurch, dass man den Leuten zuhört. Man muss sich ihre Probleme anhören, welche Dinge ihnen wichtig sind, und was sie im Einzelnen wissen müssen, um weiterzukommen. Wir können unsere Lehrmethoden so verpacken, dass wir die Bedürfnisse unserer Schüler berücksichtigen und auf dem aufbauen, was sie selbst gesagt haben.

Alle diese Ideen, die wir besprochen haben, sind schön und gut. Aber sie erfordern auch einen disziplinierten Prozess, der uns bei unserer Lehrtätigkeit in der Welt der Unternehmen begleitet. Das ist der Grund, warum ich das COACH-Modell entwickelt habe. Es soll mich immer wieder an die wichtigsten Elemente der Interaktion zwischen Lehrendem und Lernenden erinnern. Dieses Modell sorgt außerdem dafür, dass ich den Schülern die Informationen gebe, die sie brauchen, um die Aufgabe gut, zielgerichtet und planvoll zu erledigen.

Wenn Sie ein guter Trainer sein wollen, sollten Sie sich an dem COACH-Modell orientieren

Wir wollen uns dieses Modell einmal Punkt für Punkt anschauen. Das COACH-Modell finden Sie in Abbildung 4-2.

C	ontent	(Inhalt)
O	rganization	(Organisation)
A	pproach	(Methode)
C	andidate	(Kandidat)
H	eadlines	(Merksätze)

Abbildung 4-2: *Das COACH-Modell*

Jeder Buchstabe des COACH-Modells repräsentiert einen Schlüsselbegriff, der von entscheidender Bedeutung ist, wenn man Menschen etwas beibringen möchte.

COACH: Content (Inhalt)
Das erste C in COACH steht für *Content* (Inhalt). Dazu zählt das „Was" in unserem Lernprogramm: Was müssen die Leute wissen, was müssen sie lernen, und aus welchen Schritten besteht der Lernprozess? Abgesehen von dem „Was" geht es beim Inhalt auch um das „Warum".

Erwachsene wollen sowohl etwas über das „Was" als auch über das „Warum" wissen. Eine unserer Aufgaben besteht daher daraus, ihnen klar zu machen, warum sie eine bestimmte Sache lernen sollen. Hat es etwas damit zu tun, dass sie effizienter werden sollen? Geht es dabei um größere Sicherheit? Oder darum, die Kunden besser zu betreuen und dem Unternehmen besser zu dienen?

Als wir noch klein waren, hat man unsere Frage nach dem Grund oft mit der Bemerkung abgespeist „Weil ich es dir gesagt habe". Manche Manager machen das auch heute noch so. Aber das funktioniert nicht. Erwachsene Menschen wollen die Gründe für jede unternehmerische Aktion wissen, die der Chef von ihnen verlangt. Und wir müssen unseren Angestellten auch eine Antwort auf die Frage geben: „Was kommt für mich dabei heraus?" Abgesehen von jedem professionellen „Warum", gibt es auch noch ein persönliches „Warum", das eine Antwort verlangt, wie wir es bei Radio WII-FM gelernt haben. (Vergessen Sie nicht, dass das der stärkste Radiosender der Welt ist.)

COACH: Organisation

Wenn wir die inhaltlichen Aspekte erschöpfend behandelt und so aufgelistet haben, wie sie uns gerade in den Kopf gekommen sind, können wir zu dem O in unserem COACH-Modell übergehen. Wir machen uns jetzt Gedanken darüber, wie wir die einzelnen Punkte *organisieren,* also in eine bestimmte Ordnung bringen können. In welcher Reihenfolge sollen wir unseren Leuten die einzelnen Punkte beibringen?

In der Geschäftswelt denkt man selten über dieses Problem nach, das gilt vor allem für Ausbilder und Trainer. Das ist bedauerlich, denn die Reihenfolge, in der man etwas vermittelt, kann große Auswirkung darauf haben, wie lange der Lernstoff behalten wird. Wir neigen dazu, in die Falle zu gehen und alles, eines nach dem anderen zu lehren. Das ist zwar für manche Prozesse eine ausgezeichnete Methode, die ich auch häufig anwende. Wir sollten jedoch die Abfolge sorgfältig auswählen, in der wir bestimmte Inhalte vermitteln und nicht einfach der Reihe nach vorgehen, nur weil uns gerade nichts Besseres einfällt.

Es gibt Tausende von anderen Möglichkeiten, den Lernstoff zu vermitteln. Für Leute, denen ein bestimmter Prozess noch völlig fremd ist, ist es am besten, mit dem Leichtesten zu beginnen. Dadurch gewinnen die Betroffenen Selbstvertrauen. In den Fällen, in denen wir Informationen vermitteln, bei denen es um Sicherheit geht, könnten wir diese Aspekte an den Anfang stellen. Das würde zum Ausdruck bringen, dass jemand, der sich nicht für die Sicherheit engagiert, den Rest des Vorgangs gar nicht erst lernen sollte.

Wir können auch nach dem Kriterium der Häufigkeit vorgehen. Diese Methode eignet sich besonders dann, wenn die Leute sich damit vertraut machen sollen, wie man Störungen bei besonders komplizierten Geräten beseitigt. Wenn achtzig Prozent der Ausfälle durch drei Prozent der Fehlfunktionen ausgelöst werden, dann ist es natürlich am besten, sich mit diesen drei Prozent zuerst zu beschäftigen. Das würde dann also die Reihenfolge bestimmen, in der wir den Leuten die Vorgehensweisen beibringen.

Wenn wir über den Punkt Organisation unseres Modells nachdenken, müssen wir uns vor allem immer klar darüber sein, dass wir Wahlmöglichkeiten haben. Wir müssen uns nicht sklavisch an eine bestimmte Reihenfolge halten. Wir können uns auch nach den jeweiligen Prioritäten richten, also zum Beispiel mit den Sicherheitsaspekten beginnen oder zuerst die Probleme behandeln, die am häufigsten vorkommen. Genauso gut können wir mit dem Leichtesten anfangen oder womöglich noch eine ganz andere Reihenfolge auswählen.

Wir sollten uns nur darüber klar sein, dass unsere Auswahl nicht willkürlich und dem Zufall überlassen sein darf.

COACH: Approach (Methode)

Wenn wir die Inhalte in eine vernünftige Ordnung gebracht haben, können wir über die Methode nachdenken. Wie wollen wir den Leuten das Ganze beibringen? An dieser Stelle kommt der Merksatz „Jeder Mensch lernt auf eine andere Weise, wir sollten uns danach richten, welche Methode ihm am ehesten entspricht" ins Spiel. Wir verbinden unser Verständnis des Lernmaterials mit der Person, der wir es beibringen wollen und suchen uns eine Methode aus, die sowohl dem Stoff als auch dem Lernenden gerecht wird.

Manche Dinge lassen sich am besten durch Lesen lernen, andere nur durch direkte Anschauung.

Wie wir bereits erfahren haben, gibt es Menschen, die nur durch Reden, Hören oder Berühren lernen können. Unsere Aufgabe ist es, eine Methode zu finden, die sich am besten mit den Bedürfnissen der Lernenden und den Anforderungen, die der Stoff stellt, vereinbaren lässt.

Oft ist eine Kombination von Ansätzen der beste Weg. Da, wo ich wohne, ist Merwyn Hays der große Trainingsguru. Er hat auch das „Sagen-Zeigen-Tun-Feedback"-Modell entwickelt, das in Abbildung 4-3 zu sehen ist.

Das *Sagen* kann verschiedene Formen haben: Lesen, Diskutieren oder Vorträge halten. Einige Kombinationen dieser Punkte befriedigen die Bedürfnisse der visuellen, mündlichen und akustischen Lerntypen.

Das *Zeigen* baut auf der Grundlage des Gesagten auf und spricht wiederum die visuellen Lerntypen an.

Beim *Tun* werden die Erwartungen der Kinästhetiker erfüllt. Wenn das Tun gleichzeitig von verbalen Kommentaren begleitet wird, kommen wiederum auch die akustischen und mündlichen Typen auf ihre Kosten.

Der vierte Punkt – *Feedback geben* – kann die Bedürfnisse verschiedener Lerntypen befriedigen. Feedback in Form von Videofilmen ermöglicht es den Leuten, sich selbst zu sehen (Lernen durch Entdecken) und dabei festzustellen, wo sie noch besser werden müssen. Eine Diskussion hilft sowohl den mündlichen als auch den akustischen Lerntypen dabei, wichtige Dinge aus dem Feedback zu lernen. Es ist von entscheidender

Bedeutung, die Methode auszuwählen, die gleichzeitig für den Stoff und für die Lernenden, also die Kandidaten am ehesten geeignet ist.

Sagen

Zeigen

Tun

Feedback geben

Abbildung 4-3: *Eine einfache Lehrmethode*

COACH: Candidate (Kandidat)

Nachdem wir uns mit dem Inhalt, der Organisation des Inhalts und der Lehrmethode beschäftigt haben, gehen wir zum zweiten C unseres COACH-Modells über, bei dem wir uns Gedanken über den Kandidaten machen. Was ist das für eine Person, die den Stoff lernen möchte? Welche Erfahrungen bringt sie für diese oder ähnliche Arbeit mit? Welche Fähigkeiten besitzt sie bereits, die bei dieser Arbeit verlangt werden? Was motiviert sie, die dafür erforderlichen Dinge zu lernen? Wie lernt sie am liebsten? Alle diese Dinge spielen eine Rolle, wenn wir unseren Lehrplan entwickeln.

Eine gute Möglichkeit, eine Antwort auf alle diese Fragen zu bekommen, besteht darin, den Kandidaten selbst zu fragen. Lassen Sie ihn an der Entwicklung seines Lehrplans teilhaben und behalten Sie nur die Kontrolle über den Gesamtprozess. Ein Kandidat wird sich bedeutend eher mit dem positiven Ergebnis des Lernprozesses identifizieren können, wenn er selbst bei der Planung beteiligt war. Darüber hinaus wird er sich sehr viel besser an die Lerninhalte erinnern können, wenn sie in griffigen Merksätzen formuliert wurden.

COACH: Headlines (Merksätze)
Schließlich kommen wir zu dem H in unserem Modell. Es fordert von uns, dass wir den gesamten Lernprozess (zumindest jedoch die entscheidenden Begriffe) in einprägsamen Merksätzen zusammenfassen. Solche knappen Formulierungen werden unseren Kandidaten nicht nur helfen, sich zu erinnern, sondern sie werden sich auch erinnern, *warum es wichtig war.*

Es gibt verschiedene Möglichkeiten, solche Merksätze zu formulieren. Unser COACH-Akronym ist ein Beispiel für eine solche knappe Zusammenfassung, das Gleiche gilt für den Begriff SMART aus dem dritten Kapitel, in dem es um die genaue Zielvorgabe ging.

Aber nicht alle Merkbegriffe sind Akronyme. Sie können auch aus mehreren Wörtern bestehen, die sich auf das Thema beziehen und alle mit demselben Buchstaben beginnen. So zum Beispiel die „sechs D's der Delegation". Ein solcher Begriff kann Reime beinhalten. (Ich habe einmal für eine Landschaftsarchitekturfirma gearbeitet, die ihre Konkurrenten als „mow, blow and go"-Leute bezeichnete – also etwa Mähen, viel Wind machen und wieder gehen – im Gegensatz zu ihrer eigenen professionellen Landschaftspflege.) Abgesehen von Akronymen und Stabreimen können sich solche Merksätze auch an bekannten Werbesprüchen orientieren, die gerade in Mode sind (zum Beispiel „Packen wir es an").

Die Merksätze müssen nicht *nett* sein, sondern *einprägsam.* Sie sind nur gut, wenn sie unseren Leuten helfen, sich an das zu erinnern, was gesagt wurde und warum es wichtig ist, in den entsprechenden Situationen im Arbeitsleben daran zu denken.

Unser COACH-Modell besteht also aus fünf Schritten. Ein guter Trainer überprüft die Lerninhalte sehr sorgfältig, bringt sie in eine logische Form, und muss genau wissen, welche Methode dem jeweiligen Lerninhalt am ehesten entspricht. Dann muss er sich Gedanken über den Kandidaten machen, dem er etwas beibringen will, und Merksätze entwickeln, die es ihm erleichtern, den Stoff auf die Festplatte seines Gehirns zu speichern.

Spätestens an diesem Punkt dürfte klar sein, dass es Arbeit ist, anderen etwas beizubringen. Oft glauben Manager, dass die Arbeit erst dann anfängt, wenn sie einem Menschen etwas beigebracht haben. Das Lehren ist jedoch eine harte, anspruchsvolle Aufgabe, für die nur wenige von Natur aus begabt sind. Man kann es jedoch lernen, und das COACH-Modell bietet Ihnen eine ausgezeichnete Möglichkeit, sich selbst zu disziplinieren, bevor Sie sich mit einem Lernenden beschäftigen.

Lehren ist zwar schwierig, aber nicht sehr kompliziert. So reduzierte zum Beispiel Bear Bryant (der zweifellos ein erfolgreicher Trainer war, auch wenn Sie kein Fan der Crimson Tide sind) das ganze Training auf fünf Schritte – fünf Dinge, die ein Siegerteam auszeichnen. Ich habe diese Liste zum ersten Mal bei meinem Freund und Kollegen Jerry Hancock (Alexander, Emmie H. and Hancock, Jerry T., *Performance Management*) gesehen.

1. Sag mir, was du von mir erwartest. (Genaue Zielvorgabe)
2. Gib mir Gelegenheit, etwas zu leisten.
3. Sag mir, ob ich Fortschritte mache. (Wird im fünften Kapitel besprochen)
4. Gib mir die Führung, die ich brauche. (Auch fünftes Kapitel)
5. Belohne mich entsprechend meines Beitrags (Sechstes Kapitel)

Trainer sein ist ein harter Job. Glauben Sie nur ja nicht, Sie könnten einfach irgendwo hingehen und Trainer sein. Das funktioniert nicht. Die Zeit, die Sie für ein erfolgreiches Training aufwenden müssen, lohnt sich aber in jedem Fall.

Wenn Sie ein guter Trainer werden, werden Sie schon bald Chef eines Siegerteams sein.

GRUNDREGELN FÜR EINEN GUTEN TRAINER

- Der gesunde Menschenverstand ist heutzutage seltener, als man glaubt.
- Menschen lernen auf unterschiedliche Weise: Wenn Sie erfolgreich sein wollen, müssen Sie eine Methode entwickeln, die dem Lernstil des Mitarbeiters am ehesten entspricht.
- Wenn Sie lange genug zuschauen und zuhören, werden die Leute Ihnen sagen, wie sie am liebsten lernen würden.
- Man sollte einem Schüler Gelegenheit geben, die Lösung einer Aufgabe selbst zu entdecken.
- Niemand stellt seine eigenen Daten infrage.
- Es ist leichter, die Leute durch Zuhören zum Lernen zu bringen, als dadurch, dass man versucht, sie dazu zu überreden.
- Wenn Sie ein guter Trainer sein wollen, sollten Sie sich an dem COACH-Modell orientieren.
- Erwachsene Schüler wollen stets wissen, *warum.*

Fragen, die zum Nachdenken anregen sollen

1. Welchen Lernstil bevorzugen Sie? Sind Sie ein visueller, kinästhetischer oder akustischer Typ? Oder lernen Sie am besten, wenn Sie selbst reden? Auf welche Weise hat Ihr eigener Lernstil Ihre Arbeit als Lehrer beeinflusst?
2. Welche Beispiele von „Entdeckungslernen“ können Sie aus Ihrem eigenen Leben nennen? Warum haben Sie diese Dinge so gut behalten?
3. Was ist Ihrer Meinung nach der Grund, warum niemand seine eigenen Daten infrage stellt?
4. Können Sie sich an eine Zeit in Ihrem Leben erinnern, in der man Ihnen zwar eine Antwort auf die Frage „Was?“ gegeben hat, nicht aber auf die Frage „Warum?“ Wie hat das Ihre Lernfähigkeit beeinflusst?

Anwendungsmöglichkeiten

Denken Sie an eine Situation aus der jüngsten Vergangenheit, wo Sie jemandem etwas beibringen mussten. An welchen COACH-Schritten haben Sie sich dabei orientiert? Welche haben Sie ausgelassen? Wie würden Sie sich heute mit Ihrem gegenwärtigen Wissensstand in der gleichen Situation verhalten?

5
Feedback und Leistungs-management: Was Sie bekommen, hängt von den jeweiligen Belohnungen ab

Man wird Ihre Erwartungen nur dann ernst nehmen, wenn Sie die Ergebnisse auch überprüfen

Ich kann mich an den Vorfall noch so genau erinnern, als wäre er erst gestern passiert. Einer meiner Kunden hielt ein Trainingsseminar ab. Der Schwerpunkt lag an jenem Nachmittag darauf, wie man seine Angestellten zu Höchstleistungen anspornen kann. Ein auf dem Schlachtfeld des Managements in Ehren ergrauter Veteran meldete sich zu Wort. Er beendete seinen mit Leidenschaft vorgetragenen Beitrag mit dem Satz: „Die Leute werden Ihre Erwartungen nur ernst nehmen, wenn Sie das Ergebnis auch überprüfen."

Auf die Reaktionen seiner Kollegen brauchte er nicht lange zu warten. Ihr Kopfnicken und ihre Zustimmung zeigten, dass er mit seiner Äußerung ins Schwarze getroffen hatte, das heißt, er hatte eine elementare Erkenntnis aus der Unternehmenswelt ausgesprochen. Es ist tatsächlich so, wie er es gesagt hat. Nur die Kontrolle erzeugt Respekt. Denken Sie nur noch einmal über unser Beispiel mit der Geschwindigkeitsbegrenzung nach. Sie fahren frohen Mutes auf der Autobahn entlang. Plötzlich stockt der Verkehr und Sie sehen ein ganzes Meer von roten Bremslichtern vor sich. Hat das ganze motorisierte Universum plötzlich Gewissensbisse und einen Anfall von Reue bekommen, dass es zu schnell gefahren ist? Wohl kaum. Die Leute haben plötzlich Angst, weil sie eine Polizeistreife gesehen haben, die die Einhaltung der Geschwindigkeitsbegrenzung kontrolliert. Und so etwas schafft Respekt.

Leistungsmanagement gründet auf der eindeutigen Definition der Erwartungen und der klaren Zielvorgabe am Anfang eines jeden Vorgangs. Wir können eine Leistung nur dann beurteilen, wenn wir gewisse Normen festgelegt haben, die den Mitarbeitern bekannt sind. Aber das allein reicht nicht aus. Oft machen die Manager gerade bei der Leistungsbeurteilung Fehler, die sich auf die Mitarbeiter, die Firma und auf sie selbst negativ auswirken.

Wie oft haben Sie es in Ihrem Unternehmen erleben müssen, dass Sie an einem Projekt geschuftet haben, nur damit das Ganze letzten Endes als schön eingebundener Ordner im Bücherregal Ihres Chefs verstaubt? Für die Qualität Ihrer Arbeit haben Sie keinerlei Feedback bekommen – niemand hat Ihnen gesagt, was Sie gut gemacht haben und was Sie besser machen könnten. Wenn Ihnen so etwas widerfahren ist, gibt Ihre Firma zwar klare Zielvorgaben, vergisst aber anschließend die notwendige Leistungsbeurteilung.

Denken Sie einmal darüber nach, wie sich so etwas auf Ihre Motivation auswirkt. Sie haben geschuftet und Ihr Bestes gegeben, bekommen aber überhaupt kein Feedback. Ihre Motivation fällt in den Keller – man hat vergessen, Ihnen das verdiente Zuckerbrot zu geben. Aber abgesehen davon fehlt Ihnen auch eine spezifische Rückmeldung im Hinblick auf das Erreichen des Ziels. Dann – und das geht jedem von uns so – verlieren Sie den Respekt vor den Erwartungen Ihres Chefs, weil zum Schluss ohnehin keine Kontrolle stattfindet. Oder – wie wir es bei der Zielvorgabe für eine Arbeitsgruppe bereits gelernt haben – das Management bekommt nur das, was es zählt, also zählen Sie die richtigen Dinge!

Sie bekommen genau das, was Sie zählen, also sollten Sie die richtigen Dinge zählen

Ich kenne einen Manager der alten Schule, der seine Verkäufer auf eine etwas sonderbare Weise zu beurteilen pflegte. Er war in einer Zeit groß geworden, in der Autos noch eine Seltenheit waren. Man reiste nicht häufig mit dem Auto, weil es zu strapaziös war. Sein Unternehmen hatte etwas mit Automobilen zu tun, und er selbst war von ihnen fasziniert. Trotzdem war ich überrascht, als ich erfuhr, dass er die Produktivität seiner Vertreter nach den gefahrenen Tageskilometern beurteilte. Seine Theorie war: Je mehr Kilometer einer pro Tag zurücklegt, um so härter hat er gearbeitet.

Da er dafür bekannt war, dass er immer strenge Kontrollen durchführte, fuhren seine Leute wie die Wilden, und legten Strecken zurück wie ein Fernfahrer. Er bekam also genau das, was er zählte: Kilometer!

Ein zweites seltsames Beurteilungsmaß für Leistung – wieder von demselben Manager – war die Anzahl der Visitenkarten, die ein Vertreter verbrauchte. Für ihn waren die Vertreter die Besten, die am schnellsten einen Karton von 500 Karten verbraucht hatten. Seine Theorie: Je mehr Visitenkarten jemand verteilt, um so mehr Kundenbesuche hat er absolviert.

Auch in diesem Fall bekam er wieder das, was er zählte. Seine Angestellten respektierten seine Erwartungen, weil sie genau wussten, dass er Kontrollen machte. Erst Jahre später erfuhr ich, dass zwei Drittel der Verkaufsabteilung in jedem Quartal achtzig Prozent ihrer Visitenkarten einfach wegwarfen.

Verwechseln Sie Bewegung nicht mit Fortschritt

Was wir messen, wird erledigt. Also müssen wir die richtigen Dinge messen. Wenn man Visitenkarten zählt und nicht Gewinn bringende Kundenkonten, wird man zwar eine Menge Rechnungen von der damit beauftragten Druckerei bekommen, aber keine neuen Aufträge. Wenn man die Tageskilometer misst, steigen die Zahlen auf den Kilometerzählern, während die Verkaufszahlen im Keller landen.

Dieser Manager der alten Schule verwechselte Bewegung mit Fortschritt. Er nahm an – so wie ich es auch am Anfang meiner Laufbahn als Verkaufsleiter gemacht hatte – dass die Zahl der benützten Visitenkarten ein Zeichen für erhöhte Umsätze sei. Und dass eine höhere Kilometerleistung automatisch mehr Kundenbesuche und neue Aufträge bedeutete. Er zählte Aktivitäten statt Ergebnisse. Also bekam er als Ergebnis Aktivitäten.

Das Traurige an der Sache ist, dass das Messen von Aktivitäten – ohne Berücksichtigung der spezifischen Ergebnisse – ein Unternehmen an den Abgrund führen kann. Denken Sie einmal darüber nach: Wenn man den Verbrauch von Visitenkarten zur Bemessungsgrundlage macht (ohne gleichzeitig die damit verbundenen Umsätze zu messen), erhöhen sich nur die Kosten, während die Gewinne sinken. Genauso führt die Belohnung hoher Kilometerleistungen zu schnellerer Abnutzung der Wagen, erhöhten Wartungskosten und beschleunigter Abschreibung des Fuhrparks, und das alles ohne eine Erhöhung der Verkaufszahlen. Sie bekommen das, was Sie zählen. Verwechseln Sie also nicht Bewegung mit Fortschritt – oder Aktivität mit Ergebnissen.

Es fällt uns nicht leicht zuzugeben, dass selbst hoch motivierte Typen wie Sie und ich, immer darauf achten, was das Management zählt. Anfang der 1980er-Jahre arbeitete ich in der Sara Lee Corporation in der L'eggs Pantyhose Division. Dort habe ich eine Menge über das Management gelernt – sowohl von meinen Chefs als auch von meinen Kollegen. Nach einer Runde der üblichen „Reise nach Jerusalem" (neun Stühle, zehn Leute, einer bleibt zum Schluss stehen) wurde ich einem neuen Chef unterstellt und versuchte, möglichst gut mit ihm auszukommen. Es fiel mir sofort auf, dass dieser Mann ständig Informationen über nebensächliche Dinge haben wollte, die nichts mit einem spezifischen Projekt zu tun hatten. Je mehr Anfragen dieser

Art ich bekam, um so hektischer wurde ich. Sehr bald wurde mir klar, dass mir dadurch kaum noch Zeit blieb, mich meiner Gewinn bringenden Arbeit zu widmen. Ich musste ständig hinter diesen Kaninchen herlaufen, die er mir in meine Eingangsbox steckte. Völlig frustriert und verzweifelt ging ich schließlich zu einem Kollegen, der vorher unter diesem Chef gearbeitet hatte.

„Was soll ich bloß mit all diesen Anfragen machen? Ich ersticke in Aktennotizen, in denen ich gebeten werde, dies und jenes zu untersuchen. Ich komme einfach nicht zu meiner eigentlichen Arbeit."

Mein Kollege sah mich verständnisvoll an und sagte: „Ich weiß. Ich habe das auch hinter mir. Ich bin letzten Endes zu dem Schluss gekommen, dass ich ihm immer erst nach der dritten Anfrage antworten muss. Nur wenn er dreimal fragt, bedeutet ihm die Antwort wirklich etwas. Die ersten beiden können Sie getrost wegwerfen. Ich weiß nicht, ob das bei Ihnen auch so klappt – bei mir hat es jedenfalls funktioniert."

Ich befolgte seinen Rat, ging zu dem Stapel an Anfragen und warf sie alle weg. Und siehe da, nur einige wenige wurden von ihm weiter verfolgt. Es kam selten vor, dass er dreimal anfragte. Und wenn mein Chef zum dritten Mal anfragte, hieß das, dass es ihm ernst war, und dann antwortete ich. Er zählte sozusagen meine Antwort. Was Sie messen, wird erledigt, also müssen Sie die richtigen Dinge messen.

Ziele, die sich an den SMART-Kriterien orientieren, sind die Grundlage des Feedbacks und des Leistungsmanagements

Leistungsmanagement wird immer an einer Zielvorgabe oder einer Norm gemessen. Darum ging es in Kapitel 3. Unsere Leistungserwartungen müssen spezifisch, messbar, erreichbar, relevant und zeitlich determiniert sein. Erst nachdem wir klar artikuliert haben, was wir wollen – und nachdem wir unsere Leute so ausgebildet haben, dass sie unsere Erwartungen erfüllen können – haben wir uns das Recht verdient, ihnen Feedback zu geben. Um das in der richtigen Weise machen zu können, sollten wir uns an den Grundregeln des SMART ONE orientieren.

SMART ONE – wie man nützliches Feedback gibt

Nicht nur unsere Ziele orientieren sich an den SMART-Kriterien, sondern auch die Art und Weise, wie wir Feedback geben, das sich auf die Leistungen bezieht, mit denen diese Ziele erreicht werden.

Abgesehen vom SMART-Feedback müssen wir uns dabei jedoch auch an den Regeln des SMART ONE orientieren. Abbildung 5-1 veranschaulicht ein solches SMART ONE-Modell. Wir wollen es einmal Schritt für Schritt analysieren, damit Sie sehen können, dass die SMART-Ziele die Grundlage der SMART ONE-Regeln für das Feedback sind.

SMART ONE: Spezifisch
Gutes Feedback muss spezifisch sein. Was genau hat der Mitarbeiter richtig gemacht? Aber eine solche spezifische Rückmeldung ist nur möglich, wenn auch das Ziel genau dargestellt und definiert wurde („Das ist nicht das, was ich gewollt habe“, „Ich würde gern zu Mittag essen“).

SMART ONE: Messbar
Unser Feedback muss messbar sein. Wir müssen also vorab festlegen, was gemessen werden soll, wer die Messungen durchführen wird und welches Instrument dabei verwendet wird („Ihre Uhr oder meine?“). Wenn man schon im Hinblick auf die Erwartungen keine Klarheit schafft, wird es letzten Endes zwangsläufig zu Konflikten kommen, weil die Grundlage für eine objektive Messung fehlt.

SMART ONE: Actionable (das Projekt muss realisierbar sein)
Das Feedback, das wir unseren Mitarbeitern geben, muss im Zusammenhang mit etwas stehen, was sie beeinflussen und was sie realisieren können. Warum sollten sie sich sonst überhaupt Mühe geben? Wenn man also zum Beispiel jemandem Feedback im Hinblick auf einen Kundenbesuch gibt, wäre es angemessen, etwas über seine Garderobe zu sagen. Wir können uns alle bemühen, uns der Gelegenheit entsprechend anzuziehen. Es wäre dagegen nicht so gut, wenn wir einfach nur sagen würden, dass der Angestellte „potthässlich sei“, da die wenigsten von uns in der Lage sind, ihr Aussehen zu verändern (schließlich deckt die Krankenversicherung kosmetische Chirurgie nicht ab).

S pecific	Spezifisch
M easurable	Messbar
A ctionable	Realisierbar
R elevant	Relevant
T imely	Direkter zeitlicher Zusammenhang
O bjective	Objektiv
N on-Threatening	Nicht bedrohlich
E ncouraging	Ermutigend

Abbildung 5-1: *Das SMART ONE-Feedback-Modell*

SMART ONE: Relevant
SMART-Ziele müssen relevant sein, das Gleiche gilt für gutes Feedback. Es muss eine Beziehung zwischen dem beobachteten

Verhalten und seiner Wirkung auf eine definierte Arbeitsgruppe oder bestimmte Unternehmensziele bestehen. Das Feedback muss detaillierte Aussagen darüber machen, auf welche Weise der Mitarbeiter zur Erreichung des Ziels beigetragen hat – oder aber es blockiert hat.

SMART ONE: Timely (in direktem zeitlichen Zusammenhang)
So wie die SMART-Ziele zeitlich determiniert sein müssen, muss auch das SMART ONE-Feedback in einem direkten Zusammenhang mit dem beobachteten Verhalten stehen, damit der Betroffene eine Verbindung zwischen der Rückmeldung und der Aktivität (positiv oder korrektiv) herstellen kann, die dazu geführt hat.

SMART ONE: Objective
Gutes Feedback ist immer objektiv – es bezieht sich auf objektiv beobachtbares Verhalten, das jeder gut Informierte sehen kann. Um diese Objektivität zu erreichen, muss sich unser korrektives Feedback *auf Verhalten beziehen, nicht auf Schlussfolgerungen.* Das bedeutet, dass wir einen Mitarbeiter nicht als „dumm“ bezeichnen dürfen, weil das schon eine Schlussfolgerung wäre (und nicht einmal eine objektive). Wir müssen sagen, dass der Betroffene zweimal so lange gebraucht hat, um halb so effizient zu werden wie seine Kollegen – die das gleiche Training wie er absolviert haben. Es geht uns nicht um Dummheit, sondern um den Mangel an Effektivität.

SMART ONE: Non-threatening (nicht bedrohlich)
Drohungen sollen die Leute einschüchtern, ihnen Angst machen. Wer Angst hat, kann sich nicht mehr bewegen („Er war vor Angst wie gelähmt“). Gutes Feedback darf also nicht bedrohlich erscheinen. Damit soll nicht gesagt werden, dass man Süßholz raspeln soll. Ein gutes Feedback ist immer völlig klar im Hinblick auf Belohnung oder Bestrafung (Zuckerbrot oder Peitsche). Eine klare Ausdrucksweise muss nicht bedrohlich sein.

SMART ONE: Encouraging (ermutigend)
Wir machen unseren Leuten stets Mut. Wir ermutigen die, die es gut gemacht haben, damit sie es noch besser machen. Und wir reden denen gut zu, die das Ziel verfehlt haben, damit sie wieder Tritt fassen können. Wir erklären ihnen, wie wichtig das Erreichen des Ziels ist und machen ihnen noch einmal klar, welche Konsequenzen das Verfehlen des Ziels hat. Die Ermutigung (so weiterzumachen oder sich zu ändern) stellt einen Zusammenhang zwischen der gegenwärtigen und der zukünftigen Leistung her, und hilft den Mitarbeitern, unsere klar definierten SMART-Leistungsziele zu erreichen.

Im Leben kommt es oft auf die Verpackung an

Dieser Satz trifft nirgendwo mehr zu als im Leistungsmanagement und beim Feedback. Es kommt darauf an, wie wir etwas ausdrücken, damit unser Feedback auch wirklich ankommt.

Nehmen wir einmal an, Sie hören die Beschreibung eines Mannes, und man sagt ihnen: „Der wiegt über eine achtel Tonne!" Vergleichen Sie das mit der Aussage, ein Mann wäre 127 Kilogramm schwer. Beide sind mit Sicherheit ziemlich korpulent, aber beim ersten klingt es dramatischer. Die Formulierung macht den Unterschied.

Unsere Aufgabe ist es, unser Feedback so zu verpacken, dass es auf das Verhalten des Betroffenen eine möglichst positive Wirkung hat. Das ist besonders wichtig, wenn wir mit dem speziellen Feedback bei ihm eine Verhaltensänderung erreichen wollen.

Die weit verbreitete grobe Methode besteht darin, dass man sagt: „Da haben Sie aber ziemlichen Mist gebaut." Eine professionellere Verpackung würde positiver klingen, das Feedback darf nicht den negativen Aspekt betonen, sondern muss sich auf das fehlende, aber erwünschte, Verhalten konzentrieren. Man könnte zum Beispiel sagen: „Sie wären noch effizienter, wenn Sie es so oder so machen würden."

Wenn man sein Feedback so verpackt, wird man auch der Verpflichtung gerecht, den Leuten Mut zu machen. Man weist auf ein Verhalten hin, das sie „effizienter" machen wird.

Das Feedback-Flussdiagramm

Werfen Sie einmal einen Blick auf das Diagramm, das in Abbildung 5-2 dargestellt ist. Wenn Sie den Entscheidungsbaum betrachten, erkennen Sie, dass unsere Mitarbeiter sich auf zwei Verhaltenstypen konzentrieren können. Sie können Dinge tun, die wir uns wünschen und zu denen wir sie ermutigen (in unserem Modell mit + markiert) oder Dinge, die wir nicht wünschen und zu denen wir sie nicht ermutigen (mit einem – markiert). Nie

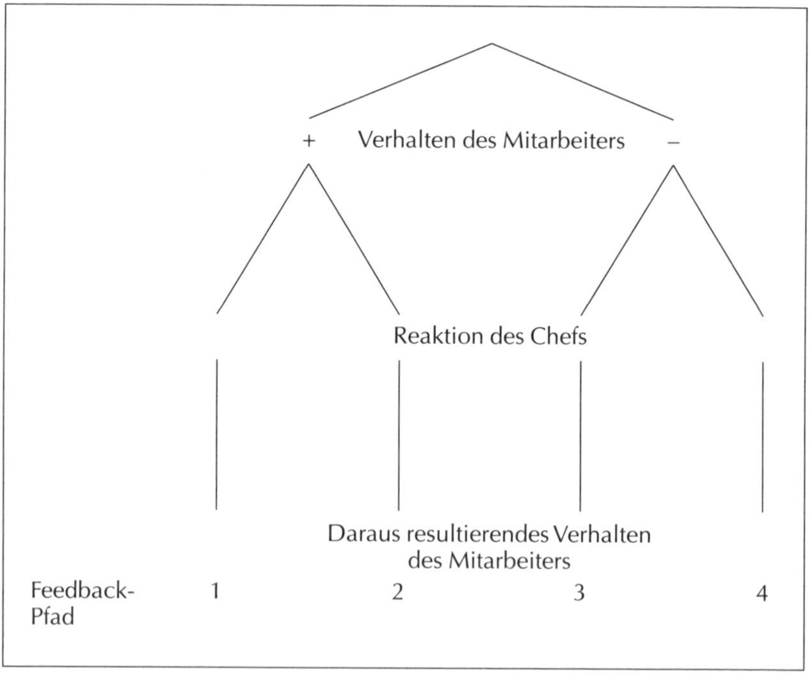

Abbildung 5-2: *Das Feedback-Flussdiagramm* (aus McNair, J. Frank, *Supervisory SuccesSkills*)

ist das Verhalten eines Mitarbeiters neutral, nicht einmal das nebensächlichste. Entweder betrachten Sie es als relativ positiv und wollen ihn weiter dazu ermutigen, oder Sie wollen ihn davon abbringen. In jedem Fall erfordert jede Art des Verhaltens eines Angestellten eine Reaktion seines Vorgesetzten.

Manchmal fragen mich Kunden: „Aber was ist mit dem ‚durchschnittlichen' Angestellten? Trifft das auch auf ihn zu?" Die Antwort lässt sich am besten an einem Beispiel veranschaulichen. Stellen Sie sich einen Augenblick lang einen Mann vor, dessen Füße in einem Hochofen und dessen Kopf in einem Gefrierschrank stecken. Wenn Sie die Körpertemperatur dieses Menschen rektal messen, geht es ihm im Durchschnitt „gut". Aber dieser Durchschnitt täuscht. Teile von ihm sind schrecklich kalt, andere unerträglich heiß.

Genauso ist das mit unserem „durchschnittlichen" Angestellten. Der Durchschnitt setzt sich zusammen aus Verhaltensweisen, die wir bewundern und fördern wollen (zum Beispiel, dass er immer pünktlich zur Arbeit kommt, stets freundlich ist und bereit ist, neue verantwortungsvolle Aufgaben zu übernehmen), auf der anderen Seite gibt es Dinge, die wir nicht mögen und durchaus nicht fördern wollen (ein langsames Arbeitstempo, wenig Konzentration auf Qualität). Als Chefs müssen wir die Verhaltensweisen fördern, die wir mögen, und die ausmerzen, die wir nicht mögen, so lange, bis der Betroffene in jeder Beziehung ein erstklassiger Mitarbeiter geworden ist.

Die beste Möglichkeit, ein angemessenes, zielgerichtetes Verhalten zu fördern (und unerwünschtes Verhalten zu löschen), ist ein gezieltes, spezifisches Feedback. Wir wissen intuitiv, dass es vernünftig ist, das Verhalten, das wir uns wünschen, zu verstärken und zu belohnen, und das entsprechende Feedback einzusetzen, wenn es darum geht, unerwünschtes Verhalten zu löschen. Abbildung 5-3 zeigt unser Feedback-Flussdiagramm. Das Pluszeichen repräsentiert dabei das positive Feedback, das Minuszeichen das Feedback, das nötig ist, um den Mitarbeiter auf die richtige Spur zu bringen.

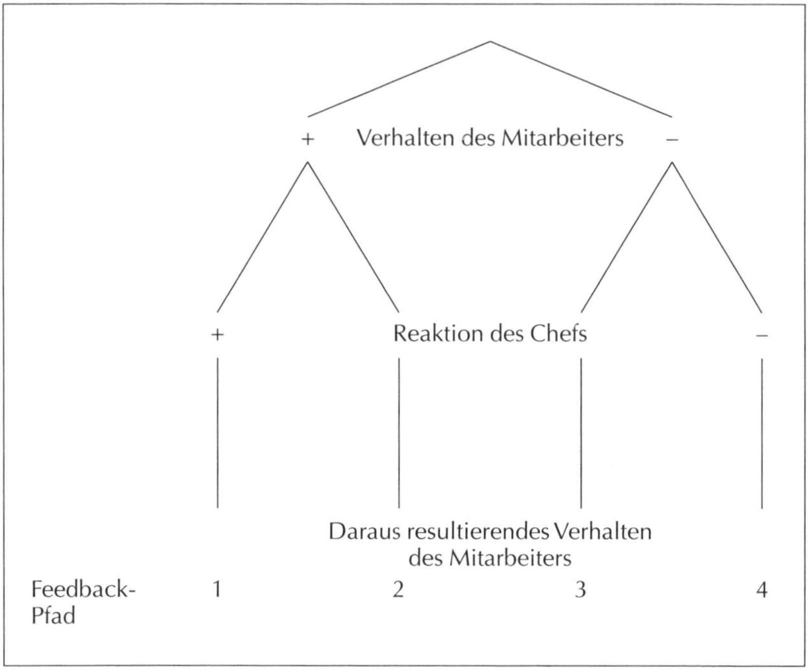

Abbildung 5-3: *Das Feedback-Flussdiagramm*

Positives Feedback verstärkt ein bestimmtes Verhalten – korrektives Feedback löscht bestimmte Verhaltensweisen

Das Ergebnis der Reaktionen des Chefs findet sich unten auf unserem Flussdiagramm in Abbildung 5-4. Wenn ein spezifisches, zeitlich genaues positives Feedback mit einem zielgerichteten Verhalten verbunden wird, wird dieses Verhalten gefördert. Mit der Zeit wird der Angestellte dieses Verhalten immer häufiger, vollständiger und auf einem höheren Qualitätsniveau zeigen. Oder – wie es im Einzelnen auf dem Feedback-Pfad 1 in Abbildung 5-4 gezeigt wird – man bekommt eine stärkere positive Reaktion.

In der gleichen Weise löscht ein zielgerichtetes korrektives Feedback allmählich das mit ihm verbundene nicht zweckgerichtete Verhalten. Feedback-Pfad 4 in Abbildung 5-4 stellt das als eine allmähliche Abschwächung des unerwünschten Verhaltens dar. Aber so etwas geschieht natürlich nicht von einem Tag auf den anderen. Die meisten Menschen (auch ich selbst) funktionieren nicht so. Ein stetiges, zeitlich gut gesetztes, korrektives Feedback wird das unerwünschte Verhalten zuerst schwächer werden lassen und schließlich ganz zum Verschwinden bringen.

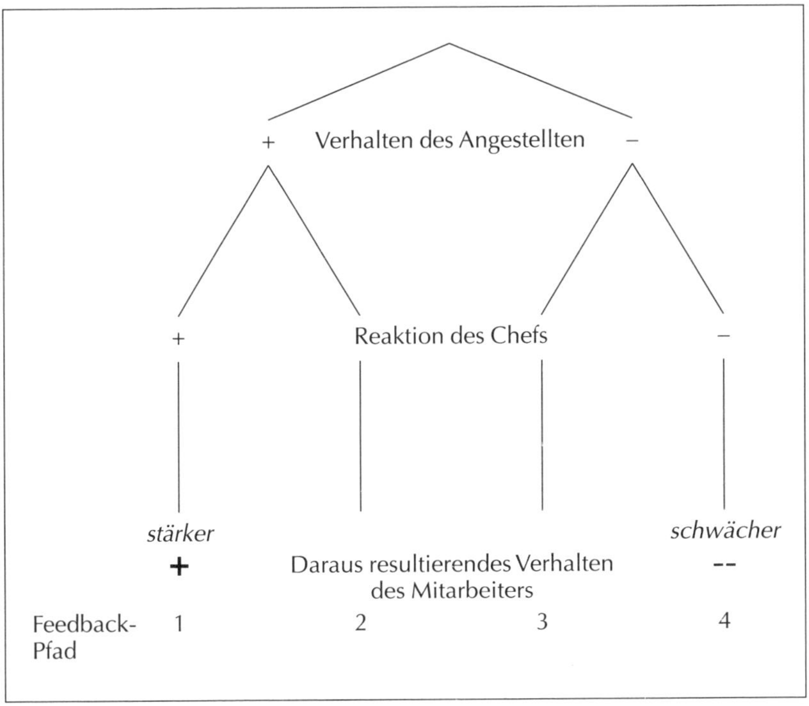

Abbildung 5-4: *Feedback-Flussdiagramm*

Wenn man positives Verhalten nicht zur Kenntnis nimmt, verschwindet es allmählich – wenn man unerwünschtes Verhalten nicht beachtet, verstärkt man es noch

Diese Grundregeln repräsentieren eines der größten Paradoxe des menschlichen Lebens. Sie sind die Verhaltensrepräsentation eines wissenschaftlichen Begriffs: der Entropie. Er besagt, dass die Dinge, wenn man ihnen ihren Lauf lässt, die Tendenz haben, bergab zu gehen oder auseinander zu fallen. Diejenigen unter uns, die ein Haus besitzen oder ein Auto fahren, wissen wovon ich rede. Das Gleiche trifft für das menschliche Verhalten zu – sowohl im persönlichen Bereich als auch im Beruf.

Es gibt eine alte Unternehmereinstellung, die besagt: „Es ist nicht meine Aufgabe, Ihnen zu danken, dass Sie Ihre Arbeit tun. Ich danke Ihnen jede Woche dafür, indem ich Sie bezahle." Vielleicht haben Sie das auch schon einmal gehört oder sogar selbst gesagt.

Aber es gibt auch eine andere Einstellung, die besagt: „Sieh mal an, dieser Mitarbeiter macht eine Menge Dinge richtig. Ich weiß, dass es nicht leicht ist, mit ihm umzugehen, aber er ist sehr produktiv und seine Arbeitsmoral ist gut. Kümmern wir uns nicht darum, wir haben Wichtigeres zu tun."

In beiden Fällen geht es um die Nichtbeachtung eines bestimmten Verhaltens, das eigentlich beachtet werden müsste. Letzten Endes werden Sie die Folgen tragen müssen.

Abbildung 5-5 zeigt ein anderes Flussdiagramm – Pfad 2 repräsentiert die Nichtbeachtung einer guten Leistung und Pfad 3 die Nichtbeachtung eines nicht zielgerichteten Verhaltens. Wenn man ein bestimmtes Verhalten – ganz gleich welches – nicht beachtet, läuft man Gefahr, dass der Angestellte zu der Auffassung kommt, dass wir es nicht bemerkt haben. Stellen Sie sich einmal vor, wie sich das auswirkt, wenn jemand entweder hart arbeitet oder sich auf die faule Haut legt, und niemand davon Notiz nimmt.

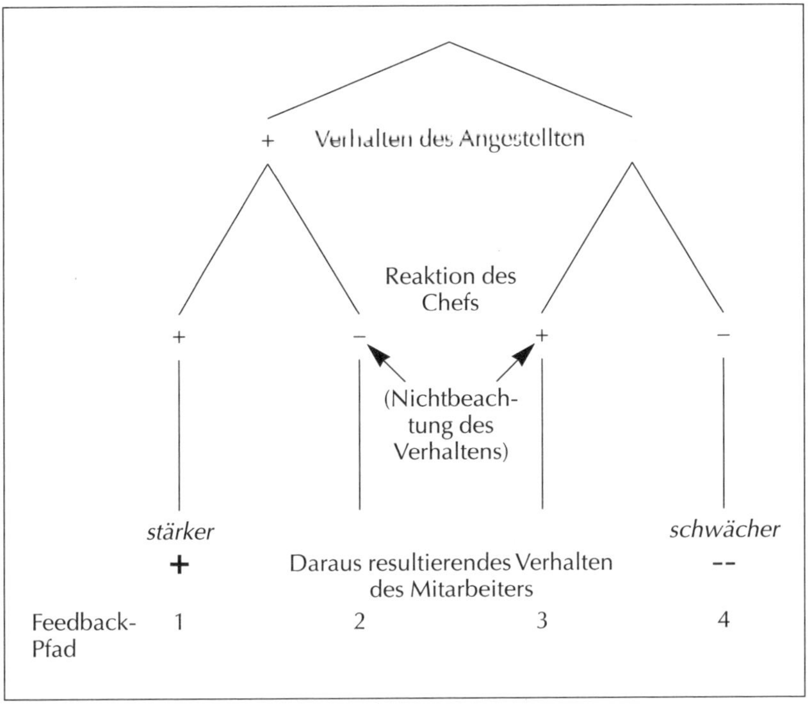

Abbildung 5-5: *Feedback-Flussdiagramm*

Abbildung 5-6 verfolgt die Nichtbeachtung des Verhaltens bis zur letzten Konsequenz. Bei denjenigen, die gute Arbeit geleistet haben (Feedback-Pfad 2) nimmt diese positive Tendenz mit der Zeit immer mehr ab. Sie sagen sich, warum soll ich mich so anstrengen, wenn es ohnehin keiner merkt. Bei denjenigen, die nicht zweckgerichtet arbeiten (Feedback-Pfad 3), nimmt diese Tendenz sogar noch zu. Der Chef merkt das offenbar gar nicht, also warum soll ich mir Mühe geben.

Ein Beispiel: Mein Bruder ist ein begabter Finanzplaner und Investmentberater. Er kennt sich mit Zahlen aus und weiß, wie man das Vertrauen der Kunden gewinnt. Vor vielen Jahren arbeitete er in der Treuhandabteilung einer der größten Banken des Landes. Dort machte er folgende Erfahrung.

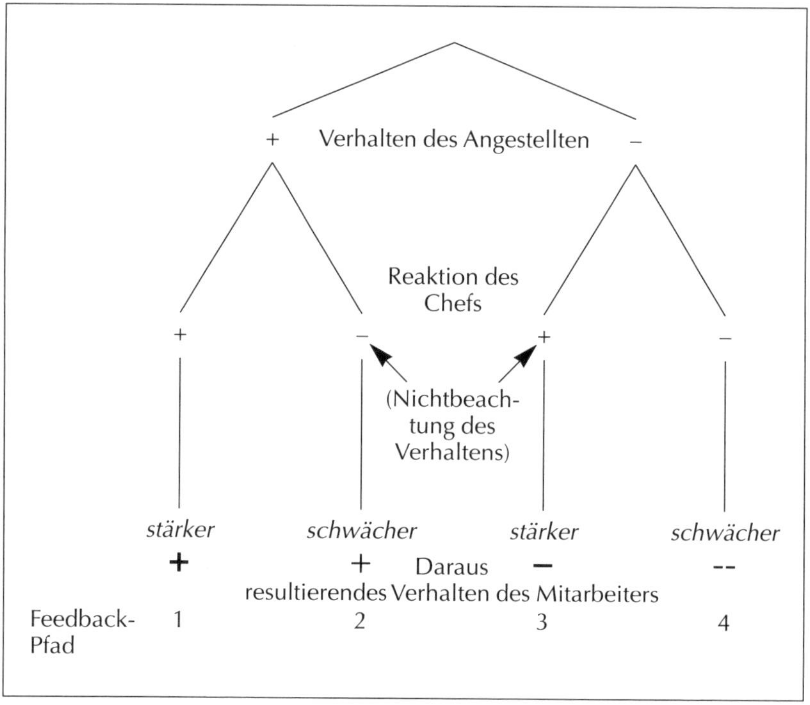

Abbildung 5-6: *Feedback-Flussdiagramm*

Carl teilte sich sein Büro mit einem anderen Investmentberater. In einem Jahr erreichten Carls Umsätze einen absoluten Rekord. Er war begeistert und erwartete für diese außergewöhnliche Leistung eine entsprechende Anerkennung von der Geschäftsleitung.

Der Mann, der mit ihm in seinem Büro arbeitete, lieferte dagegen nur ein sehr mageres Ergebnis ab. Er kam regelmäßig zu spät, ging früher und verbrachte den größten Teil des Vormittags damit, Zeitung zu lesen. Nachmittags führte er vor allem private Telefongespräche. Er erreichte nicht ein einziges der vorgegebenen Ziele und seine Umsätze waren im Laufe des Jahres sogar zurückgegangen.

Was geschah? Beide bekamen am Ende des Jahres die gleichen prozentualen Vergütungen. Keine Anerkennung (Zuckerbrot) für Carl. Kein korrektives Feedback (Peitsche) für seinen Kollegen. Aber damit ist die Geschichte noch nicht zu Ende. Nach knapp zwölf Monaten verließ Carl das Unternehmen und suchte sich einen Arbeitsplatz, an dem gute Leistungen durch spezifisches Feedback und messbare Vergütungen belohnt wurden. Wenn ein Unternehmen ein negatives Verhalten ignoriert, wird es immer schlimmer. Wenn es jedoch gutes Verhalten nicht beachtet, kann es passieren, dass es einen wertvollen Mitarbeiter verliert.

Ganz gleich, wer der Angestellte ist oder wie die Umstände sind, es ist unsere Aufgabe, erwünschtes Verhalten zu registrieren und spezifisches, gezieltes Feedback zu geben, um es zu fördern. Gleichzeitig müssen wir Verhaltensweisen aufspüren, die nicht akzeptabel sind und den Betroffenen auffordern, sich anders zu verhalten. In beiden Fällen müssen wir klarstellen, warum das gewünschte Verhalten so wichtig ist und wie zielgerichtetes Handeln sich für den Angestellten auszahlt (WII-FM).

Feedback ist ein Prozess, kein Ereignis

Das Schwierigste an unserer Rolle als Feedbackgeber ist die Tatsache, dass man damit praktisch nie aufhören kann. Das ganze Jahr über muss man jeden Tag der Woche daran denken, den Mitarbeitern Feedback zu geben, wenn sie etwas gut gemacht haben. Und man muss ihnen erklären, warum es so wichtig ist, es weiterhin so gut zu machen. Gleichzeitig müssen wir jedes nicht zielgerichtete Verhalten erkennen und gezieltes korrektives Feedback geben, damit der Betroffene wieder auf den richtigen Weg gebracht werden kann.

In ihrer Rolle als Lehrerin hatte meine Frau Laura einmal Gelegenheit, einer Gruppe von 150 Schülern korrektives Feedback zu geben, um sie wieder auf Vordermann zu bringen. Sie hatte sich ein Semester frei genommen, um noch eine Prüfung für eine zusätzliche Qualifikation zu machen. Als sie danach wieder in die Schule kam, musste sie feststellen, dass ihre Schüler wie die Wilden schummelten. Sie schrieben einfach aus Textbüchern ab und übernahmen mitunter schamlos ganze Abschnitte. Sie brachten Spickzettel und Nachschlagewerke mit zu den Klassenarbeiten und gaben sich nicht einmal Mühe, sie unter ihren Büchern und Heften zu verstecken. Und sie schrieben ungeniert voneinander ab.

Lauras Vertretung hatte es offensichtlich versäumt, klare Zielvorgaben zu machen, wahrscheinlich hatte sie geglaubt, das sei nicht nötig, weil sie davon ausgegangen war, dass die Schüler ehrlich seien. Außerdem hatte sie es nicht geschafft, den Schülern einen „Ehrenkodex" zu vermitteln. Sie respektierten ihre unausgesprochene Erwartung nicht, weil sie keine Kontrollen machte.

Als das Sommersemester begann, kam Laura zurück und für die Schüler gab es ein böses Erwachen – kein Schummeln mehr! Laura machte es genau richtig: Sie orientierte sich an den SMART-Kriterien, entwarf ein klares Bild des Ziels, indem sie genau festlegte, was sie unter Schummeln verstand. Sie drohte mögliche Konsequenzen an (zum Beispiel eine Sechs in der Klassenarbeit oder Wiederholen des ganzen Semesters), wenn die Schüler sich weiter so verhielten, und sie kontrollierte ständig die Einhaltung ihrer Anweisungen.

Mit einem derart eindeutigen Feedback, ein paar Telefonanrufen bei den Eltern und einigen schlechten Zensuren hatte sie die Klasse wieder auf Vordermann gebracht. Um ihr Verhalten ändern zu können, brauchten die Schüler nur das entsprechende korrektive Feedback.

Wie oft versagen wir unseren Angestellten gegenüber in dieser Hinsicht. Wir geben ihnen sporadisches, episodisches Feedback, das in den meisten Fällen nur auf extrem gute oder extrem schlechte Leistungen gerichtet ist. Die Folge ist, dass das Verhalten der Mitarbeiter hin und her schlingert wie ein Fahrschüler auf einer engen Straße mit Gegenverkehr.

Die Metapher aus dem Verkehr ist sehr zutreffend für den

ständigen Prozess des Feedbackgebens. Als Kind war ich immer fasziniert, wenn meine Mutter sogar auf einer völlig geraden Straße ständig das Steuerrad bewegte, um in der Straßenmitte zu bleiben. Heute kann ich das verstehen: Wenn wir fahren, melden unsere Augen die relative Position des Wagens zwischen dem Mittelstreifen und dem rechten Fahrbahnrand an unser Gehirn zurück. Wenn wir feststellen, dass wir ein wenig zu der einen oder anderen Seite abdriften, korrigieren wir das, um in der Mitte unserer Fahrbahn zu bleiben.

Genauso verhält es sich mit dem Feedback, das wir als Chefs unseren Angestellten ständig geben müssen. Jedes Mal, wenn wir einen Fortschritt in Richtung auf das Ziel oder eine Abweichung erkennen, müssen wir Feedback geben, positiv, um das erwünschte Verhalten zu fördern, korrektiv, um nicht akzeptables Verhalten zu löschen. Auf diese Weise schützen wir uns und die Angestellten vor unangenehmen Überraschungen, wenn es um die Jahresbeurteilungen geht.

Wenn ein Mitarbeiter über seine Jahresbeurteilung überrascht ist, liegt das an Ihnen

Feedback ist ein regelmäßig wiederkehrender, spezifischer Prozess, der sich im Hinblick auf die Leistung an eindeutigen SMART-Kriterien orientiert. Wenn so ein Feedback gut und häufig genug durchgeführt wird, kann man weitgehend auf die marathonmäßigen Jahresbeurteilungen verzichten, bei denen in der Regel viel Blut fließt. Eine solche Jahresbeurteilung sollte zu keinen überraschenden Ergebnissen führen. Schließlich ist es ein Rückblick und eine Zusammenfassung des ständig stattfindenden Feedbacks, das der Angestellte im Rahmen der kontinuierlichen Leistungsbeurteilung bekommen hat.

Sie müssen nicht unbedingt wütend sein, um einem Mitarbeiter korrektives Feedback geben zu können

Irgendwie glauben wir alle, dass wir erst wütend werden müssen, um einen Mitarbeiter, der sein Ziel nicht erreicht hat, in den Genuss eines korrektiven Feedbacks kommen zu lassen. Das stimmt nicht. Sie brauchen nicht nur nicht wütend zu sein, sondern es ist sogar besser, überhaupt keinen Ärger zu zeigen, wenn Sie dem Mitarbeiter ein solches Feedback vermitteln.

Denken Sie daran, wie Laura auf das Verhalten ihrer Schüler reagiert hat. Tatsächlich hat sie sich darüber geärgert, aber sie hat nicht getobt und ihnen Standpauken gehalten. Sie hat ihnen einfach nur in kurzen Worten klar gemacht, was sie von ihnen erwartet, und welche Konsequenzen weitere Schummeleien für sie hätten. Darüber hinaus hat sie keinen Hehl daraus gemacht, was sie von einem solchen Verhalten hält.

Und die Schüler haben sie verstanden. Und ihnen war auch klar, welche Konsequenzen sie im negativen Fall erwarteten. Sie kannten das Ziel. Ohne erhobenen Zeigefinger und ohne die Schüler zu beschimpfen oder zu blamieren, hatte Laura sie so weit gebracht, dass sie ihr Verhalten änderten. Sie bekam von der Klasse das, was sie von ihr erwartet hatte – Ehrlichkeit –, weil sie bereit gewesen war, ihnen das entsprechende Feedback zu geben.

Korrektives Feedback ist eine Investition in den Mitarbeiter

Vielen Managern – auch mir selbst – fällt es schwer, korrektives Feedback zu geben. Wir sind von Kind auf angehalten worden, „nett“ zu sein. Und wenn man jemandem sagen muss, dass er das Ziel verfehlt hat, ist man eben „nicht nett", und das widerstrebt uns allen.

Für viele stellt sich hier die Frage: Ist es netter, es ihm jetzt zu sagen, wo der Mitarbeiter zum ersten Mal eine Leistungserwartung enttäuscht hat? Oder ist es netter abzuwarten, Beispiele zu sammeln, bei denen er die Erwartungen nicht erfüllt hat, damit sich das Verhalten einschleifen kann? Soll man ihn dann letztendlich mit der ganzen Liste der Misserfolge überfallen und ihn gewissermaßen unter einer Lawine von entsprechendem Feedback begraben? Was ist wohl „netter"?

Wenn wir korrektives Feedback geben müssen, kann es nützlich sein, sich daran zu erinnern, was wir mit dieser Aktion ursprünglich erreichen wollten. Ein solches Feedback ist im Grunde etwas, das wir dem Mitarbeiter zum Geschenk machen – es ist, wenn Sie so wollen, das, was wir in ihn investieren.

Betrachten wir noch einmal das Beispiel mit Lauras Klasse. Die Schüler werden ein Jahr später aufs College gehen. Sie hat ihnen klar gemacht, dass sie Ehrlichkeit von ihnen erwartet – und sie war bereit gewesen, sie in dieser Beziehung beim Wort zu nehmen. Auf diese Weise hat sie die Schüler auf das vorbereitet, was sie im College erwartete. Und sie hat wahrscheinlich dadurch verhindert, dass der eine oder andere schon sehr bald und auf schmerzliche Weise vom College seiner Wahl geflogen wäre.

Laura hat durch ihr genaues und ehrliches Feedback etwas in ihre Schüler investiert, und das ist der eigentliche Grund, warum wir korrektives Feedback geben. *Es geht dabei nicht um Bestrafung, sondern darum, den Betroffenen wieder auf den richtigen Weg zu bringen.* Von uns Managern erwartet man, dass wir begrenzte menschliche, finanzielle und mechanische Ressourcen einsetzen, um mitunter fast unlösbar erscheinende Aufgaben zu bewältigen. Dafür werden wir bezahlt. Wenn wir unsere Mitarbeiter, unsere wichtigsten Ressourcen, anschreien, werden sie mit Sicherheit nicht härter arbeiten, um unsere SMART-Ziele zu erreichen.

Wenn wir dagegen neue Ziele setzen, die Aufgaben und die möglichen Folgen oder Belohnungen klar definieren, wenn wir den Leuten erklären, um was es dabei geht, werden wir ihnen so viel Mut machen, dass sie härter arbeiten, um unsere SMART-Ziele zu erreichen.

Ich bin nicht hier, um den Schuldigen zu suchen, sondern um das Problem zu lösen

Diese Maxime habe ich zum ersten Mal vor zwanzig Jahren gehört. Ich arbeitete damals mit Robert Smith bei der Reynolds Tobacco Company. Robert ging in das Büro eines Mitarbeiters und suchte Korrekturen eines Computer-Ausdrucks. Als er seinen Wunsch äußerte, wurde er mit einem Trommelfeuer an Erklärungen, Entschuldigungen und Ausreden eingedeckt. Der Tenor war: „Diesen Fehler können meine Leute unmöglich gemacht haben, hacken Sie also nicht auf uns herum!"

Robert hörte sich das Ganze etwa eine Minute lang an und sagt dann so kühl wie ich noch nie jemanden habe reden hören: „Sie missverstehen mich. Ich bin nicht hier, um den Schuldigen zu suchen. Ich will nur das Problem lösen." Und das schaffte er dann auch. Nach dieser Erklärung war der Mitarbeiter sofort bereit, sich sein korrektives Feedback anzuhören und gemeinsam mit ihm das Problem zu lösen.

Wie bereits erwähnt, kommt es im Leben weitgehend auf die Verpackung an. Robert hat seine Bitte nach einem neuen Bericht ohne Aggression und versöhnlich geäußert, sodass er die Informationen bekam, die er brauchte, um weiterarbeiten zu können. Das ist genau der Grund, warum wir den Leuten Feedback geben, mit denen wir zusammenarbeiten, seien es Untergebene, Vorgesetzte, Kollegen oder Menschen aus unserem sozialen und familiären Umfeld.

Man muss sich das Recht, Feedback zu geben und Leistungen

zu beurteilen, erst verdienen. Das geschieht, indem man die entscheidenden Motivatoren des Mitarbeiters erkennt, die SMART-Ziele definiert und bekannt macht, und die Leute gut trainiert (COACH!). Aber all das ist nutzlos ohne ein spezifisches, zielorientiertes Feedback – positiv oder korrektiv –, damit unsere Mitarbeiter mit ihren Leistungen genau ins Ziel treffen können.

GRUNDREGELN FÜR FEEDBACK UND LEISTUNGSMANAGEMENT

- Man wird Ihre Erwartungen nur dann ernst nehmen, wenn Sie die Ergebnisse auch überprüfen.
- Sie bekommen genau das, was Sie zählen, also sollten Sie die richtigen Dinge zählen.
- Verwechseln Sie Bewegung nicht mit Fortschritt.
- Ziele, die sich an den SMART-Kriterien orientieren, sind die Grundlage des Feedbacks und des Leistungsmanagements.
- SMART ONE – wie man nützliches Feedback gibt.
- Im Leben kommt es oft auf die Verpackung an.
- Positives Feedback verstärkt ein bestimmtes Verhalten – korrektives Feedback löscht bestimmte Verhaltensweisen.
- Wenn man positives Verhalten nicht zur Kenntnis nimmt, verschwindet es allmählich – wenn man unerwünschtes Verhalten nicht beachtet, verstärkt man es noch.
- Feedback ist ein Prozess, kein Ereignis.
- Wenn ein Mitarbeiter über seine Jahresbeurteilung überrascht ist, liegt das an Ihnen.
- Sie müssen nicht unbedingt wütend sein, um einem Mitarbeiter korrektives Feedback geben zu können.
- Korrektives Feedback ist eine Investition in den Mitarbeiter.
- Ich bin nicht hier, um den Schuldigen zu suchen, sondern um das Problem zu lösen.

Fragen, die zum Nachdenken anregen sollen

1. Haben Sie jemals einem Mitarbeiter ein klares Ziel vorgegeben und dann versäumt, das Ergebnis auch zu überprüfen? Was ist passiert? Hat Ihr Mitarbeiter Ihre Erwartung respektiert?
2. Haben Sie jemals „die falschen Dinge gezählt"? Was ist passiert? Wie lange hat es gedauert, bis Sie Ihren Fehler bemerkt haben?
3. Betrachten wir noch einmal das Flussdiagramm 5-6. Welcher Feedback-Pfad liegt Ihnen mehr? Eins oder vier? Wo machen Sie die meisten Fehler, bei zwei oder bei drei?
4. Müssen Sie erst wütend sein, um korrektives Feedback geben zu können? Warum haben Sie so geantwortet?

Anwendungsmöglichkeiten

Denken Sie an einen Ihrer Untergebenen, der nicht die Leistung bringt, die Sie von ihm erwarten. Was ist hier los? Wie könnten Sie positives und korrektives Feedback anwenden, um seine Leistung zu verbessern? Haben Sie ein bestimmtes Verhalten ignoriert, das Sie hätten beachten müssen? Was wollen Sie jetzt tun?

6
Belohnungen und Konsequenzen

Jetzt sind wir beim Geld angelangt – im eigentlichen und im übertragenen Sinn. Wir werden uns nun mit den Belohnungen und Konsequenzen – also mit Zuckerbrot und Peitsche – beschäftigen, wie wir es auch schon im zweiten Kapitel über Motivation getan haben.

Unsere ganze bisherige Arbeit steuerte auf diesen Punkt zu. Wir haben mit einer Vision begonnen und sie auf einen überzeugenden Plan reduziert. Wir haben über unser Team nachgedacht und überlegt, wie wir die einzelnen Mitglieder am besten motivieren können. Wir haben ein klares Bild unseres SMART-Ziels entworfen und unseren Mitarbeitern erklärt, wie sie dieses Ziel erreichen können. Und wir haben Feedback gegeben – positives und korrektives –, während sich die Leute auf das Ziel zu bewegten. Jetzt ist die Zeit gekommen, in der die Mitarbeiter das ernten, was sie gesät haben, das heißt, wo sie entweder den Lohn für ihre gute Arbeit bekommen oder die Konsequenzen ihres wiederholten Fehlverhaltens tragen müssen.

Entlohnung und Konsequenzen leiten sich aus einer Kombination von zwei vorangegangenen Kapiteln ab – Motivation (Kapitel 2) sowie Feedback und Leistungsmanagement (Kapitel 5). Denn indem wir unsere Leute belohnen oder im negativen Fall bestimmte Konsequenzen ziehen, geben wir ihnen konkretes Feedback, das – so hoffen wir jedenfalls – sie motivieren wird. So einfach ist das – und zugleich so schwierig.

Schlechte Leistungen müssen anders honoriert werden als gute

Erinnern Sie sich an die Geschichte von Carl, dem Investmentberater? Es ist erstaunlich, wie häufig es Manager in Amerika schaffen, das Leistungsniveau herunterzuwirtschaften. Sie bestrafen Mitarbeiter wie Carl, obwohl er hart gearbeitet hat und außerordentlich erfolgreich gewesen war. Leute wie er machen den größten Teil der Arbeit, bekommen aber letzten Endes den gleichen Lohn wie alle anderen. Das ist zunächst einmal absolut unfair. Und es ist auch eine beklagenswert ineffiziente Methode, denn solche Chefs sagen ihren Mitarbeitern nicht „das haben Sie gut gemacht, weiter so“ oder „das war nichts, machen Sie das nicht noch einmal“.

Die Personalleitung scheint eine der wenigen Instanzen zu sein, die Angst hat, gute und schlechte Leistungen unterschiedlich zu honorieren. An der Börse ist das ganz anders, dort steigt der Kurs der Unternehmen (oder Branchen), die entweder in der Vergangenheit gute Leistungen erbracht haben oder von denen man es in der Zukunft erwartet.

Auch im Sport verdienen die Trainer der erfolgreichen Mannschaften mehr als die der Verlierer. Das Gleiche gilt für die einzelnen Sportler.

Das Seltsamste an unserem Widerstreben gute Leistungen anzuerkennen und entsprechend zu honorieren, ist Folgendes: Jeder weiß ohnehin genau, wo er steht. Sie können in jeder Gruppe nachfragen, wer der Beste auf einem bestimmten Gebiet ist. Die Leute wissen Bescheid. Trotzdem scheuen wir davor zurück, die guten Leistungen entsprechend zu belohnen und die Leute, die nichts leisten, zur Rechenschaft zu ziehen. Und das ist schlimm.

Seit Jahren erklären uns die Kinderpsychologen, dass Kinder und Jugendliche sich trotz ihrer oft rebellischen Art nach Regeln und Orientierungshilfen sehnen. Sie wollen zumindest wissen, welches Verhalten die Eltern von ihnen erwarten. Aber die jungen Leute wollen natürlich auch, dass man diese Regeln *durchsetzt*, damit sie wissen, wie weit sie gehen können. Bestimmte Dinge dürfen sie einfach nicht tun. Und sie müssen wissen, welche Konsequenzen es hat, wenn man sich nicht an die Regeln hält.

Mit unseren Angestellten ist es nicht anders. Wenn man eine gute Leistung haben möchte, muss man sie auch anerkennen. Wenn man nur auf die Leute achtet, die unterdurchschnittliche Arbeit abliefern, braucht man sich nicht zu wundern, wenn man nur mittelmäßige Leistungen bekommt.

Achten Sie stets auf die Mitte

Können Sie sich noch an Ihre Grundschulzeit erinnern? Welche Schüler kannte jeder Lehrer? Natürlich diejenigen, die wirklich intelligent waren, die, die Hilfe brauchten und noch die, die sich schlecht benahmen. Alles, was dazwischen lag, wurde kaum wahrgenommen. Machen Sie diesen Fehler nicht bei Ihren Leuten. Sie müssen immer darauf achten, dass Ihnen kein positives Verhalten entgeht, das sie fördern möchten – auch wenn Sie es bei einem ansonsten mittelmäßigen Angestellten beobachten. Vor allem sollten Sie jedes Verhalten sofort registrieren, das nicht Ihren Erwartungen entspricht, damit Sie es durch entsprechendes korrektives Feedback löschen können.

Schlechte Angewohnheiten haben ein langes Leben

Wir müssen ein Verhalten, das nicht den Erwartungen entspricht, registrieren und sofort eingreifen, weil *schlechte Angewohnheiten ein langes Leben haben.* Und in solchen Fällen haben sie zwei Aspekte: (1) Der Angestellte verfehlt das Ziel und (2) Sie haben ihn dabei erwischt.

Wenn ein Angestellter etwas immer wieder falsch macht, beginnt sich dieses Fehlverhalten einzuschleifen. Und je länger das dauert, um so schwieriger wird es, das Verhalten wieder zurechtzurücken. (Wenn Sie Tennis spielen, wissen Sie das: Sie müssen Ihre schwache Rückhand so schnell wie möglich wieder korrigieren, sonst werden Sie den Fehler jahrelang nicht mehr los.)

Unsere Aufgabe ist es, unsere Leute immer so zu belohnen, dass sie ihr Bestes geben, und Konsequenzen zu ziehen, die sie lieber vermeiden würden.

Die Entlohnung muss in einer Währung erfolgen, die dem Mitarbeiter etwas bedeutet

Nehmen wir einmal an, Sie haben eine Tankstelle in einer ländlichen Region von North Carolina. Plötzlich fährt ein grüner Jaguar vor, aus dem ein sportlicher junger Mann aussteigt und zu Ihnen sagt: „Hallo, alter Knabe, haben Sie vielleicht ein bisschen Benzin für mich?" Er macht seinen Tank voll, kommt dann zu Ihnen, um zu bezahlen, und gibt Ihnen Geldscheine, die Sie noch nie im Leben gesehen haben. „Was ist das?", fragen Sie. „Guter Mann, das sind britische Pfund", antwortet er.

Jetzt ist Ihnen klar, dass Sie ein Problem haben. Sie sind nicht in Großbritannien und Sie wollen 23,75 Dollar von ihm haben. Er hat Sie nicht in der Währung bezahlt, die Ihnen etwas bedeutet.

Eine der wichtigsten Aufgaben eines Chefs besteht darin, dass er seine Leute in einer Währung entlohnt, die ihnen etwas bedeutet. Wir müssen für jeden Angestellten die Belohnungen haben, die er sich wünscht. Und wir müssen ihm genau die Konsequenzen in Aussicht stellen, die er gern vermeiden würde. Am wichtigsten ist die Attraktivität der Belohnung (und das Abstoßende der Konsequenzen) für den Angestellten, nicht für uns.

Im Kapitel über Motivation haben wir gesagt: „Wenn Sie geduldig zuhören, werden die Leute Ihnen sagen, was sie motiviert." Hier, an dieser Stelle, kommt diese Erkenntnis wirklich zum Tragen. Motivation ist eine einzigartige und sehr individuelle Angelegenheit – sie ist bei jedem Menschen anders, und kann sich sogar bei ein und derselben Person von einem Tag auf den anderen ändern. Ich hatte einmal Gelegenheit, mit ein paar guten Freunden ein Brettspiel zu spielen, das sich „Therapy" nannte. Dabei spielen die Leute in Paaren, wobei jeweils einer „Therapeut" und der andere „Patient" ist. Der „Therapeut" muss die Antworten seines „Patienten" auf eine Reihe von Fragen voraussagen. Bei jeder richtigen Antwort darf das Team mit seiner Spielfigur (einer kleinen „Couch") ein Feld auf dem Brett nach vorn rücken.

Während dieses Spiels zog einer der Spieler eine Karte, auf der stand: „Was würden Sie lieber tun, (1) in einem exklusiven Restaurant essen, (2) einen ausgedehnten Einkaufsbummel machen oder (3) tollen Sex haben?"

Der Spieler antwortete: „Ich weiß nicht, das hinge davon ab, was ich gerade vorher getan habe."

In gewisser Weise hängt auch die Wahl des Motivators tatsächlich von dem ab, was der Betroffene zuletzt getan hat. Wenn wir unseren Leuten lange genug zugehört haben, müssen wir als Chefs sicherstellen, dass wir die Motivatoren auswählen, die bei *diesem* Angestellten, *dieses Mal,* und unter den *gegebenen Umständen* angemessen sind. Dabei müssen wir unsere Neigung unterdrücken, ein Urteil zu fällen, und unseren Leuten wirklich gut zuhören, wenn sie uns zu verstehen geben, auf welche Weise man sie am besten motivieren kann.

Es ist nicht unsere Aufgabe, Werturteile über das zu fällen, was unsere Mitarbeiter motiviert

Wir müssen herausfinden, was genau unsere Mitarbeiter motiviert, Verständnis dafür haben und uns entsprechend verhalten, das heißt, unseren Angestellten die Belohnungen zukommen lassen, die sie am stärksten anspornen. (Oder ihnen die Konsequenzen in Aussicht stellen, die sie am meisten fürchten.)

Vor einigen Jahren übernahm ich in der Firma, in der ich zu der Zeit arbeitete, neue Aufgaben. Unter anderem sollte ich die Arbeit eines ursprünglich als Ingenieur ausgebildeten Angestellten überwachen, der in der Verkaufsabteilung tätig war.

Ich bemühte mich, ihn näher kennen zu lernen, und bat ihn, mir doch einmal zu sagen, auf welche Einzelleistung in seinem Leben er besonders stolz wäre. Ich weiß nicht, was ich erwartet hatte, aber hier ist seine Antwort:

„Ich bin stolz, dass ich erfolgreich war und Karriere gemacht habe, dass ich einen Luxuswagen fahre und es mir leisten kann, in einem vornehmen Viertel zu wohnen. Ich trage Maßanzüge und eine sehr teure Uhr. Ich bin jemand und das gefällt mir."

Dieser Mitarbeiter gab mir genau das, um das ich ihn gebeten hatte. Er sagte mir exakt, womit (Geld, materielle Belohnungen) man ihn motivieren konnte. Leider sah ich das Ganze aus der Sicht des Chefs, der ein Urteil über das fällen wollte, was ihn motivierte, statt sein Motivationsprofil dazu zu benützen, gute Leistungen von ihm zu bekommen.

Meine eigenen Wertvorstellungen und sein Motivationsprofil hinderten mich daran, aus diesem Angestellten das Beste herauszuholen. Ich bot ihm das an, was mich selbst am stärksten motivieren würde (die Chance in einem guten Team zu arbeiten und etwas Bedeutungsvolles zu tun). Er dagegen war völlig unbeeindruckt, denn ich hatte ihm offenbar nicht richtig zugehört.

Hätte ich diesem Mann Geld, Status und Macht angeboten, hätte er unermüdlich gearbeitet, denn das waren die Belohnungen, die ihm etwas bedeuteten. Stattdessen war ich davon ausgegangen, dass er „in meinem Haus“ aufgewachsen war und bot ihm die Dinge an, die mich motivieren würden. Aber so funktioniert das nun mal nicht.

Meine mangelnde Bereitschaft, den Bedürfnissen dieses Angestellten Rechnung zu tragen, kosteten mich seine Begeisterung und sechs Monate lang einen guten Mitarbeiter. Das ist eine erhebliche Zeitvergeudung, die nur auf meine Unbeweglichkeit zurückzuführen war.

Belohnungen und Konsequenzen müssen sich stets an der Leistung des Mitarbeiters orientieren

Was ist damit gemeint? Belohnungen – oder Konsequenzen – sollten immer der Leistung entsprechen. Ein Beispiel: Sie haben eine Angestellte, die seit mehreren Wochen unterdurchschnittliche Arbeit abliefert. Sie haben mit ihr geredet und ihr gute Ratschläge gegeben, und sie hat Besserung gelobt.

Eine Woche später stellen Sie fest, dass sich ihre Arbeit merklich verbessert hat, auch wenn sie noch nicht überragend ist.

Wenn Sie wollen, dass sich eine solche Verbesserung weiter fortsetzt, müssen sie der Betroffenen entsprechende Anerkennung zollen. Nur so können Sie ihr zeigen, dass Sie sehr wohl den Unterschied zwischen einer guten und einer schlechten Leistung erkennen können.

Sie brauchen ihr nicht gleich eine Gehaltserhöhung zu geben, es muss auch nicht gleich eine Blaskapelle aufmarschieren, und Sie müssen sie auch nicht bei der nächsten Betriebsversammlung sofort erkennen. Und Sie brauchen sie vor allem nicht gleich zu befördern. Aber Sie müssen ihr auf jeden Fall zeigen, dass Sie bemerkt haben, dass sich ihre Leistung verbessert hat, denn nur dann wird sich diese positive Entwicklung weiter fortsetzen.

Genauso ist es, wenn ein normalerweise guter Mitarbeiter plötzlich einen zwar nicht dramatischen, aber doch erkennbaren Leistungsabfall zeigt. Sie dürfen ihn dann nicht gleich anbrüllen, denn Sie wollen ihn ja schließlich nicht verlieren. (Wer von uns hat schon Angestellte, die immer gut sind?) Sie müssen sich eine Konsequenz überlegen, die sowohl seinem Motivationsprofil als auch dem Ausmaß des Leistungsabfalls entspricht. Wenn Sie das nicht tun, wird die Leistung dieses Angestellten weiter nachlassen.

Leistungssteigerungen verschwinden wieder, wenn man sie nicht beachtet. Bei einem Leistungsabfall wird sich die Tendenz dagegen noch weiter verstärken

Diese beiden Grundregeln stammen aus dem Kapitel über Feedback und Leistungsmanagement (Kapitel 5). Die Unterschiede sind fein, aber wichtig. Als Manager haben wir die Aufgabe, jede Veränderung der Leistung unserer Angestellten sofort zu erkennen und schnell und angemessen darauf zu reagieren. Auch wenn diese Veränderungen (und die damit verbundenen Belohnungen und Konsequenzen) nicht sehr groß sind, sind sie doch immer wichtig. Wir müssen Veränderungen jederzeit erkennen, damit unsere Leute wissen, dass wir den Unterschied bemerken.

Hier kann wieder ein Beispiel helfen, obwohl wir wahrscheinlich diese beiden Grundregeln in unserem eigenen Arbeitsleben schon erlebt haben. Nehmen wir einmal an, Sie haben zwei Angestellte, Mike und Ike.

Mike ist der perfekte Mitarbeiter – er liefert gute Arbeit ab und ist sehr fleißig. Er kommt immer schon früh und bleibt so lange, bis die Arbeit erledigt ist. In der Vergangenheit hat er Ihre Erwartungen im Hinblick auf Qualität und Quantität stets übertroffen. In der letzten Woche mussten Sie jedoch feststellen, dass sowohl die Qualität seiner Arbeit als auch seine Produktivität ein wenig nachgelassen haben.

Ike dagegen hat ein niedriges Anspruchsniveau und erreicht nicht einmal das. Seine Leistung – wenn man es überhaupt so nennen kann – ist durchschnittlich, aber nichts Besonderes. Er kommt oft zu spät und fehlt häufiger ohne Entschuldigung. In den letzten beiden Wochen war er jedoch stets pünktlich, und sogar seine Produktivität ist gestiegen.

Hier begegnen wir einer der großen Perversitäten des Arbeitslebens: Wenn Sie Ikes Leistungsverbesserung nicht beachten, ihm also nicht danken oder ihm Entwicklungsmöglichkeiten anbieten, oder ihm wenigstens in einer Weise Anerkennung zollen, die bei ihm ankommt, wird seine Motivation und die verbesserte Qualität seiner Arbeit bald wieder verschwunden sein. Woher hätte er auch wissen können, dass Sie es bemerkt haben? Sie haben es ihm nie gesagt.

Wenn Sie dagegen Mikes Leistungsabfall ignorieren, wird er weiter absinken. Auch er wird glauben, Sie würden den Unterschied ohnehin nicht feststellen. So wird er schließlich auf dem untersten, gerade noch akzeptablen Niveau landen.

Keine dieser Veränderungen ist besonders kritisch oder gar dramatisch. Nur weil Ike zwei Wochen lang pünktlich war, wird er sicher nicht befördert. Und wir können einen Angestellten auch nicht gleich fallen lassen, nur weil seine Leistung kurzfristig einmal nachlässt. Trotzdem müssen beide Leistungsveränderungen in angemessener Weise registriert werden.

Als Chefs stehen wir auf beiden Seiten dieses Modells. Wir erkennen eine Verbesserung an, um den Betroffenen zu ermutigen, so weiterzumachen, und um ihn wissen zu lassen, dass wir den Unterschied sehr wohl bemerkt haben. Und wir ziehen den Angestellten, dessen Leistung sich verschlechtert hat, zur Rechenschaft, damit er etwas dagegen tun kann. Auch er muss wissen, dass wir die Veränderung bemerkt haben. Unterdurchschnittliche Leistungen zu ignorieren, ist keine Lösung. Davon wird es nicht besser.

Und die beste Zeit, einem Angestellten Feedback wegen seiner veränderten Leistung zu geben, ist der Augenblick, in dem Sie sie zum ersten Mal beobachten.

Tun Sie es – JETZT!

Nike hat Hunderte von Millionen Dollar für den Werbeslogan „Just do it" ausgegeben. Ich möchte diesem Imperativ einen Zusatz hinzufügen. Auch wenn es um Belohnungen und Konsequenzen eines bestimmten Verhaltens geht, tun Sie es jetzt!

Der günstigste Augenblick, Leute zu belohnen oder ihnen die Konsequenzen ihres Handelns vor Augen zu führen, ist im gleichen Augenblick, in dem Sie das Verhalten beobachten, das Sie fördern oder ausmerzen wollen. Es gibt keine bessere Zeit, als wenn ein Mitarbeiter gerade etwas geleistet hat, das Sie belohnen wollen, oder das Ziel verfehlt hat. Wenn Ihre Reaktion direkt und unmittelbar erfolgt, ist der Zusammenhang mit dem entsprechenden Verhalten auch unmissverständlich.

Aber Sie müssen sich davor hüten, besondere Belohnungen nur für das Bemühen zu geben. Es ist zwar wichtig, dass man sich bemüht, aber das allein reicht nicht. Erfolgreiches, zielgerichtetes, kostenbewusstes Handeln, das den Erwartungen entspricht, ist das Ziel.

Wenn man die Bemühungen und nicht die Leistung belohnt, wird man auch nichts anderes bekommen als Bemühungen. (Erinnern Sie sich? Sie bekommen immer nur das, wofür Sie Belohnungen austeilen.) Ein Chef muss Bemühungen anerkennen, dem Angestellten aber gleichzeitig klar machen, dass es letzten Endes um das Ergebnis geht. Das Gleiche gilt für den Unterschied zwischen Bewegung und Fortschritt. Bewegung ist notwendig, um Fortschritt zu erreichen. Aber Bewegung allein bedeutet nicht schon zwangsläufig Fortschritt. Sie müssen also in jedem Fall einen Zusammenhang zwischen den Belohnungen und Konsequenzen auf der einen Seite und dem angestrebten

Endergebnis auf der anderen Seite herstellen. Und wenn das nicht funktioniert, sollten Sie die Belohnungen und Konsequenzen, die Sie benützen, noch einmal unter die Lupe nehmen.

Wenn Sie andere Ergebnisse haben wollen, müssen Sie Ihre Strategie ändern

Ein bekannter Psychotherapeut hat einmal gesagt: „Wenn Sie so weitermachen wie bisher und andere Ergebnisse erwarten – sind Sie verrückt." Das ist die Art Verrücktheit, mit der ich in der Welt der Personalführung oft konfrontiert werde. Wenn das, was Sie tun, nicht funktioniert, müssen Sie etwas anderes ausprobieren.

Sie haben unterdurchschnittliche Leistungen ignoriert und gehofft, es würde dadurch besser? Das hat nicht funktioniert? Ändern Sie Ihre Strategie.

Sie haben diesen Angestellten immer wieder mit Zuckerbrot gefüttert? Das hat nicht geholfen? Ändern Sie Ihre Strategie.

Sie haben mit einem Angestellten, dessen Leistungen unter dem Durchschnitt liegen, nur über mögliche Konsequenzen geredet? Das hat nicht funktioniert? Ändern Sie Ihre Strategie.

Wir müssen unser Feedback (Belohnungen, Konsequenzen) ständig kontrollieren. Wenn es funktioniert, machen wir weiter so. Wenn nicht, müssen wir uns etwas anderes einfallen lassen. Denn wenn wir so weitermachen, werden wir immer wieder dieselben Ergebnisse bekommen. Wenn wir etwas anderes wollen, müssen wir unsere Strategie ändern.

Im Allgemeinen ändern Menschen ihr Verhalten, wenn es weniger weh tut, etwas zu verändern, als alles beim Alten zu lassen – oder wenn es mehr Spaß macht, etwas Neues auszuprobieren, als am Althergebrachten festzuhalten

Belohnungen und Konsequenzen haben immer etwas mit Veränderungen zu tun. Es geht darum, Menschen dazu zu bringen, ihr nicht zielgerichtetes Verhalten zu ändern. Und eine solche Veränderung ist sehr harte Arbeit.

Als Chefs müssen wir dafür sorgen, dass die Belohnung für eine Veränderung so interessant ist, dass die Betroffenen ihr nicht widerstehen können. Und die Konsequenzen, mit denen die Leute rechnen müssen, die nicht bereit sind, sich zu ändern, müssen so gravierend sein, dass die Angestellten sie in jedem Fall vermeiden wollen. Beides wird funktionieren.

Stellen Sie sich einmal einen Menschen vor, der drogenabhängig ist – Alkohol, Rauschgift etc. –; er verliert seinen Arbeitsplatz, aber das hat keine Auswirkungen auf sein Verhalten. Dann verliert er seine Familie. Aber auch das ändert nichts. Sein Haus. Seinen Wagen. Immer noch keine Wirkung. Und dann wird unser Mann eines Tages zitternd unter einer Brücke wach. Ihm ist kalt, er ist völlig durchnässt und hungrig. Erst jetzt sieht er die letzte Konsequenz seiner Art zu leben: den Tod. Er ist ganz unten angekommen. Plötzlich wird ihm alles klar. Er schwört dem Drogenkonsum ab und begibt sich auf die lange Reise zur Heilung. In seinem Fall hat ihn nur die Konfrontation mit der letzten Konsequenz dazu gebracht, sein Leben zu ändern. Oder um es mit unseren Worten auszudrücken: Er hat sich geändert, „weil der Schmerz der Veränderung geringer war, als der Schmerz alles beim Alten zu belassen".

Schauen wir uns jetzt einmal ein glücklicheres Szenario an. Ein junger, intelligenter College-Absolvent ist auf dem besten Wege, in ein MBA-Programm (Master of Business Administration entspricht etwa dem Betriebswirt) einzusteigen. Er ist unverheiratet und das Junggesellenleben gefällt ihm. Es gibt ein paar Frauen in seinem Leben, aber keine feste Freundin. Und dann trifft er eines Tages eine Frau, die irgendwie anders ist.

Sie ist offenbar nicht so wie die Frauen, die er bisher kennen gelernt hat. Sie hat einen starken Charakter – eine ruhige, aber eiserne Entschlossenheit, und man legt sich besser nicht mit ihr an. Sie ist unabhängig, ohne gleich ein einsamer Wolf zu sein. Sie ist liebevoll, ohne den Partner mit ihrer Liebe zu erdrücken. Und unser intelligenter, sorgloser junger Mann hat plötzlich das Gefühl, dass seine Welt Kopf steht.

Er macht ihr einen Antrag. Sie nimmt ihn an. Acht Wochen später sind die beiden verheiratet. Was ist geschehen? Die Freude über die Veränderung (Ehe) war größer als die Freude, alles beim Alten zu belassen.

Manager haben viele wichtige Aufgaben: Sie müssen Ziele vorgeben, die den SMART-Kriterien entsprechen, sie müssen ihre Leute nach dem COACH-Modell schulen und sie müssen gezieltes Feedback geben. Keine dieser Aufgaben ist wichtiger als die Angestellten – entweder die leistungsstarken oder die schwachen – in der Währung zu belohnen, die ihnen etwas bedeutet. Wenn Sie nicht das erreichen, was Sie erreichen wollten, sollten Sie sicherstellen, dass sowohl die Belohnungen als auch die Konsequenzen das angemessene Verhalten der Leute verstärken und das unangemessene löschen. Sorgen Sie dafür, dass die Belohnungs-/Bestrafungs-Strategien so beschaffen sind, dass Sie unterschiedliche Dinge tun, um unterschiedliche Ergebnisse zu erzielen.

GRUNDREGELN FÜR BELOHNUNGEN UND KONSEQUENZEN

- Schlechte Leistungen müssen anders honoriert werden als gute.
- Achten Sie stets auf die Mitte.

- Schlechte Angewohnheiten haben ein langes Leben.
- Die Entlohnung muss in einer Währung erfolgen, die dem Mitarbeiter etwas bedeutet.
- Es ist nicht unsere Aufgabe, Werturteile über das zu fällen, was unsere Mitarbeiter motiviert.
- Belohnungen und Konsequenzen müssen sich stets an der Leistung des Mitarbeiters orientieren.
- Leistungssteigerungen verschwinden wieder, wenn man sie nicht beachtet.
- Bei einem Leistungsabfall wird sich die Tendenz dagegen noch weiter verstärken.
- Tun Sie es – JETZT!
- Wenn Sie andere Ergebnisse haben wollen, müssen Sie Ihre Strategie ändern.
- Im Allgemeinen ändern Menschen ihr Verhalten, wenn es weniger weh tut, etwas zu verändern, als alles beim Alten zu lassen – oder wenn es mehr Spaß macht, etwas Neues auszuprobieren, als am Althergebrachten festzuhalten.

Fragen, die zum Nachdenken anregen sollen

1. Haben Sie jemals in einem Unternehmen gearbeitet, in dem leistungsstarke Mitarbeiter die gleichen Belohnungen bekamen wie leistungsschwache? Welche Auswirkungen hatte das auf Ihre eigene Leistung?
2. Warum ist es so schwer, „auf die Mitte zu achten"? Was können Sie tun, um sicherzustellen, dass Sie das in Ihrem Unternehmen tun?
3. Haben Sie jemals Werturteile über das abgegeben, was Ihre Angestellten motiviert? In welcher Form hat Sie das in Ihrer Funktion als Chef behindert?
4. Wenn Sie andere Ergebnisse erzielen wollen, müssen Sie Ihre Strategie ändern. Wer in Ihrem Arbeitsteam bringt nur unterdurchschnittliche Leistungen? Wer bringt überdurchschnittliche Leistungen? Wie könnten Sie das ändern?

Anwendungsmöglichkeiten

Zahlen Sie in der Währung, die Ihren Angestellten etwas bedeutet. Mit welcher Währung konnte man Sie am besten motivieren? Ihre Angestellten? (Abbildungen 2-3 und 2-4 in Kapitel 2 können Ihnen helfen, eine Liste zusammenzustellen.) Was können Sie tun, damit Sie Ihren Angestellten in Zukunft besser zuhören, um zu erfahren, welche Belohnungen und Konsequenzen ihnen etwas bedeuten?

7

Management der zwischenmenschlichen Beziehungen

Ein jeder führt Buch, und das ist auch gut so

Diese Äußerung hört man nicht oft und sie geht vielen Leuten gegen den Strich. Trotzdem stimmt sie, wie wir häufig genug im Alltag feststellen können. Wir wollen uns einmal ein paar Beispiele anschauen.

Denken Sie an Ihre letzte Fahrt über die Autobahn. Sie fahren mit 120 km/h dahin und erkennen plötzlich vor sich Bremslichter. Sie reduzieren die Geschwindigkeit und stecken sehr bald in zäh fließendem Verkehr. Nach einer gewissen Zeit können Sie auf einer Anhöhe feststellen, dass sich der Verkehr, so weit Sie sehen können, staut. Als Sie am Ende dieses Staus ankommen, bittet Sie der Fahrer, der in der linken Spur festsitzt, händeringend, ihn hereinzulassen. Sie geben widerstrebend nach und winken ihn in die Schlange. Er ordnet sich langsam in den Verkehr vor Ihnen ein und fährt weiter.

Was erwarten Sie in dieser Situation von dem Fahrer des anderen Wagens? Sie haben gerade etwas in ihn *investiert*, er hat etwas von Ihnen bekommen. Was erwarten Sie jetzt? Sie erwarten von ihm, dass er Ihnen zuwinkt oder in anderer Weise zu erkennen gibt, dass er das Opfer, das Sie ihm gebracht haben, zumindest zur Kenntnis nimmt. Wenn er winkt, ist die ganze Transaktion vollständig und Sie können beide wieder zur Tagesordnung übergehen, wahrscheinlich werden Sie sich nie wiedersehen. Wenn er nicht winkt oder sich bedankt, sind Sie wütend. „Verdammt, ich habe diesen Typ hereingelassen und der bedankt sich nicht einmal!"

Jeder führt Buch, und das ist gut so.

Dagegen ist nichts einzuwenden. Die zweite Geschichte veranschaulicht das Ganze auf eine freundlichere Weise. Sie und Ihr Partner bekommen eine Einladung von guten Freunden. Sie gehen hin, amüsieren sich und reden noch auf dem Heimweg darüber, was für ein gelungener Abend das war. Am nächsten Tag rufen Sie an, um sich zu bedanken, und nehmen sich vor, dass Sie die beiden bald einmal zu sich nach Hause einladen.

Eine gewisse Zeit vergeht, ohne dass Sie diesen Vorsatz in die Tat umgesetzt hätten, da rufen die Freunde Sie wieder an, diesmal haben sie Eintrittskarten für eine Sportveranstaltung. Wieder gehen Sie und Ihre bessere Hälfte hin, amüsieren sich köstlich, gehen anschließend nach Hause und reden ständig darüber, dass Sie jetzt in keinem Fall vergessen dürfen, die beiden einzuladen. Wieder rufen Sie an und bedanken sich von ganzem Herzen für die Einladung, haben aber so viel zu tun, dass wieder mehrere Wochen vergehen, ohne dass Sie sich revanchieren konnten.

Und dann melden sich die Freunde ein drittes Mal – diesmal haben sie Theaterkarten und laden Sie ein, danach mit Ihnen in einem der vornehmsten Restaurants der Stadt zu essen. Während dieses dritten Gesprächs bitten Sie die Leute, doch einen Augenblick zu warten, decken die Sprechmuschel mit der Hand ab: „Schatz, das sind schon wieder die Jones", sie wollen uns zum Essen und ins Theater einladen. Das können wir nicht annehmen – jetzt sind wir endlich einmal dran – wir müssen sie unbedingt zu uns einladen."

Jeder führt Buch, und das ist auch gut so.

Wenn es aber so ist, woher wissen wir, wie der Kontostand ist? Wie können wir so etwas in unseren Beziehungen so handhaben, dass es den Freundschaften nützt und nicht schadet? Ich habe es hilfreich gefunden, mir eine Freundschaft wie ein Sparschwein vorzustellen. Ich stelle mir einfach vor, dass jede Interaktion mit einer anderen Person etwas hineingibt oder herausnimmt.

Bei meinen Seminaren frage ich in diesem Zusammenhang oft: „Weshalb ähneln zwischenmenschliche Beziehungen einem Sparschwein?" Den Leuten macht es Spaß, über diesen Gedanken zu diskutieren. Abbildung 7-1 zeigt einige der Ähnlichkeiten zwischen Beziehungen und Sparschweinen.

- Es dauert lange, bis man eine Bilanz aufgestellt hat.
- Wir investieren jetzt, um in Zukunft etwas zu haben.
- Man kann nichts herausnehmen, wenn man vorher nichts hineingesteckt hat.
- Sie können nur das herausholen, was Sie vorher hineingesteckt haben.
- Manchmal bekommen Sie weniger heraus, als Sie eingezahlt haben.
- Man kann sowohl Beziehungen als auch Sparschweine zerschlagen.
- Wenn sie einmal kaputt sind, sind sie schwer wieder zu reparieren.
- Man kann alle möglichen Beträge hineinstecken oder herausnehmen – sogar in verschiedenen Währungen.

Abbildung 7-1: *Ähnlichkeiten zwischen Sparschweinen und Beziehungen*

Der letzte Punkt der Abbildung 7-1 ist besonders wichtig: „Man kann verschiedene Beträge hineinstecken oder herausnehmen – sogar in verschiedenen Währungen." Besonders interessant ist das für Leute, die im Management arbeiten. Jeder bilanziert und führt Buch, das stimmt zwar, aber woher sollen wir wissen, auf welche Weise wir uns bei einem bestimmten Mitarbeiter am besten revanchieren können? Welche Währung ist für ihn die richtige?

In diesem Kapitel werden Ihnen verschiedene Hilfsmittel an die Hand gegeben, damit Ihnen diese Entscheidung leichter fällt. Wenn Sie darüber nachdenken, dürfen Sie nie vergessen, dass es keinen „Allzweck-Mitarbeiter" gibt. Jeder Angestellte ist einzigartig, ein lebendiges Individuum aus Fleisch und Blut. Unsere Aufgabe ist es, jeden zu kennen und auf jeden Einzelnen adäquat zu reagieren.

Benutzen Sie den „Kontoauszug der zwischenmenschlichen Beziehungen“, damit Sie immer wissen, wo Sie stehen

Wenn man sich über die Beziehungen zu den Angestellten Gedanken machen möchte, sollte man sich jeden als ein separates Konto mit einem dazugehörigen Kontoauszug vorstellen, in dem alle Transaktionen sichtbar werden. Einige davon (eine Gehaltserhöhung, Anerkennung für eine gute Leistung) werden im Allgemeinen als Einzahlungen auf das Konto des Angestellten betrachtet. Andere Transaktionen (ein öffentliches Abkanzeln wegen eines kleinen Fehlers) werden fast immer als Auszahlungen verstanden. Abbildung 7-2 zeigt den Kontoauszug.

Manager: **Rhoda Block** **Angestellte:** **Lane Closure**	
Einzahlungen – Kreditoren	**Auszahlungen – Debitoren**
+ • 12 Prozent Gehaltserhöhung • Anerkennung für gute Arbeit • Vom Chef mit echtem Interesse angehört werden • An Aufgaben beteiligt werden (bei der Auswahl und der Art der Ausführung) • Vom Chef klare SMART-Ziele gesetzt bekommen	– • Öffentliche Bestrafung wegen eines kleineren Fehlers • Vorschläge wurden ohne faire Anhörung einfach abgelehnt • Fehlen bestimmter Punkte in der Liste der Einzahlungen

Abbildung 7-2: *Beziehung zum Angestellten als Kontoauszug*

Was ein Mitarbeiter als Einzahlung betrachtet, kann für den anderen das Gegenteil bedeuten

Das ist eine Schwierigkeit, mit der wir uns auseinander setzen müssen.

Als ich einmal einen hochrangigen leitenden Angestellten der Wachovia Bank besuchte, fragte ich ihn, was ihm an seiner Arbeit bei dieser Bank am besten gefalle, und erwartete so etwas wie: die Herausforderung, das Arbeitstempo, die Dynamik oder seinen Status im Unternehmen und in der Gemeinde.

Seine Antwort war kurz und knapp. „Die lassen mich hier in Ruhe." Für ihn war die entscheidende Belohnung die Autonomie. Für ihn war die Tatsache, dass man ihn in Ruhe ließ, der entscheidende positive Faktor.

Für einen anderen Mitarbeiter kann genau das etwas ganz anderes bedeuten. Erinnern Sie sich an Don aus Kapitel 2? Wenn man ihn so behandeln würde, wäre er stocksauer. In Ruhe gelassen zu werden, bedeutet für den Mann von Wachovia eine Einzahlung, für Don dagegen eine Auszahlung.

Ein Chef muss seine Beziehungen zu seinen Mitarbeitern so gestalten, dass ihnen das, was er in sie investiert, etwas bedeutet. Darüber hinaus sollten wir uns bemühen, jede Abhebung vom Konto unserer Angestellten entweder ganz zu unterlassen, oder zumindest möglichst gering zu halten.

Solange Sie keine anderen Informationen haben, sollten Sie davon ausgehen, dass Ihr Mitarbeiter ein Zuckerbrot-Typ ist

Wir haben bereits über die Gefahren gesprochen, die mit Vorurteilen verbunden sind. Nicht jeder ist in Ihrem Haus aufgewachsen. Wir müssen immer wieder Beziehungen zu neuen Mitarbeitern aufnehmen. Wie sollen wir in solchen Fällen vorgehen?

Wir sollten sie vor allen Dingen so schnell wie möglich gut kennen lernen. In der Zwischenzeit sollten wir jedoch von der Annahme ausgehen, dass sie Zuckerbrot-Typen sind. Meine eigene Erfahrung hat mir gezeigt, dass die meisten Menschen – den Großteil der Zeit – eher arbeiten, weil es ihnen Spaß macht, als aus Angst vor der Peitsche.

Auch wenn jeder sein eigenes unverwechselbares Motivationsprofil hat, kann man davon ausgehen, dass es gewisse grundsätzliche Investitionen gibt. Kaum einer reagiert zum Beispiel negativ auf Anerkennung, jeder findet es gut, wenn man ihm aufmerksam zuhört und kaum einer findet es störend, wenn er bei einem Projekt ein Wort mitzureden hat. Man kann also zunächst einmal von der Annahme ausgehen, dass jeder neue Angestellte, mit dem wir arbeiten, ein Zuckerbrot-Typ ist.

Wenn Sie lange genug zuhören, werden Ihre Leute Ihnen sagen, auf welche Weise Sie in sie investieren (sie motivieren) sollten

Wir brauchen uns allerdings nicht lange bei dieser ersten Annahme aufzuhalten. Nehmen Sie sich Zeit, setzen Sie sich mit dem neuen Mitarbeiter zusammen und hören Sie ihm einmal aufmerksam zu. Das wird schon mehr sein, als er von seinen ehemaligen Chefs bekommen hat. Hören Sie ihm gut zu, wenn er Ihnen erklärt, was für ihn wichtig ist, was ihn am stärksten motiviert, was er anstrebt, wie seine Ziele aussehen und was er sich von der Zukunft erhofft. Nach einem solchen Gespräch können Sie Ihren Führungsstil so gestalten, dass er das berücksichtigt, was Sie von dem Mitarbeiter erfahren haben.

Es ist Aufgabe des Chefs, die erste Investition in eine professionelle Beziehung zu tätigen

Wie oft hat Ihr Versicherungsagent Sie schon angerufen, um Sie zum Essen einzuladen? Warum macht er das? Weil für ihn ein solches Mittagessen eine Investition darstellt. Er hofft, dass Sie aus Dankbarkeit für seine Einladung sein Konto aufbessern, indem Sie letzten Endes eine Versicherung bei ihm abschließen. Es ist nicht direkt als „mit der Wurst nach dem Schinken werfen" zu verstehen, keiner sieht das so krass. Wenn Sie jedoch vier Einladungen zum Mittagessen angenommen und immer noch keine Versicherung abgeschlossen haben, können Sie ziemlich sicher sein, dass die Einladungen ausbleiben. In der Beziehung stimmt dann die Bilanz nicht mehr.

Als Chefs müssen wir die erste Investition in unsere Mitarbeiter tätigen. Das tun wir, indem wir ihnen zuhören, ihnen klare Ziele vorgeben und sie so behandeln, wie sie am liebsten behandelt werden möchten. Dann bitten wir sie, unsere Investition mit einer Produktivität auf einem hohen Qualitätsniveau zurückzuzahlen, die unseren SMART-Leistungserwartungen entspricht.

Wenn das, was wir erwarten, und das, was wir bekommen, identisch ist, sind wir froh. Das erleichtert unsere Arbeit als Chef enorm. Das Gleiche gilt für die Angestellten. Es ist nicht schwer, glücklich zu sein, wenn man das bekommt, was man sich gewünscht hat. Wenn es immer so wäre, wäre das Leben einfach.

Wenn Erwartungen und Realität nicht übereinstimmen, entsteht Stress

Das Stress-Modell (Abbildung 7-3) zeigt eine einfache, aber vollständige Darstellung der Ursachen von Stress in zwischenmenschlichen Beziehungen. Wenn Sie sich das Modell einmal genauer anschauen, werden Sie entdecken, dass Stress immer dann entsteht, wenn Realität und Erwartung nicht übereinstimmen. Das heißt, wir erleben Stress, wenn wir etwas haben wollen, es aber nicht bekommen. Genauso gestresst sind wir allerdings auch, wenn wir etwas bekommen, das wir gar nicht haben wollten.

Erwartungen ≠ Realität

Sie haben nur drei Optionen:
- Ändern Sie Ihre Erwartungen
- Ändern Sie die Realität
- Ertragen Sie den Stress

Abbildung 7-3: *Wie Stress entsteht*

Wir wollen das Modell einmal in der Praxis betrachten und sehen, ob wir das Ganze nicht etwas anschaulicher machen können. Sie wachen an einem schönen Frühlingsmorgen auf, sind sofort quicklebendig und bereit zu neuen Taten. Sie springen aus dem Bett, gehen ins Bad und drehen die Dusche auf.

Kein warmes Wasser. Also beginnen Sie den Tag mit einer kalten Dusche. Da Sie ein flexibler Mensch sind, können Sie das noch gut überstehen und gehen nach unten zum Frühstück – nur um festzustellen, dass kein Kaffee im Haus ist.

Der Tag beginnt also nicht nur damit, dass Sie kalt duschen müssen, sondern Sie haben auch keinen Kaffee zum Frühstück. Das ist wirklich schlimm, denn Ihnen ist richtig kalt und Sie hatten vorgehabt, eine heiße Tasse Kaffee zu trinken und eine zweite in die Schuhe zu gießen, um warme Füße zu bekommen.

Verärgert, aber nicht entmutigt, gehen Sie mit der Aktentasche in der Hand aus dem Haus und warten nur darauf, was das Schicksal Ihnen an diesem Morgen noch bescheren wird. Als Sie zu Ihrem Wagen kommen, stellen Sie fest, dass er ein wenig nach links geneigt ist. Von der Fahrerseite aus erkennen Sie auch den Grund: Sie haben vorne links einen Plattfuß.

Langsam dämmert es Ihnen, was das für ein Tag werden wird. Sie sind noch nicht einmal unterwegs und schon sind drei Ihrer Erwartungen nicht erfüllt worden. Keine warme Dusche, Frühstück ohne Kaffee, und jetzt müssen Sie auch noch den Reifen wechseln. Der Tag hat wirklich nicht gut angefangen. Und alles das hängt nur damit zusammen, dass das, was Sie wollten, nicht das ist, was Sie bekommen haben (eine warme Dusche, eine Tasse Kaffee und einen Wagen mit vier intakten Reifen). Sie stehen unter Stress, weil Ihre Erwartungen und die Realität nicht übereinstimmen.

Werfen wir einen Blick auf Abbildung 7-3. Sie können sehen, dass wir in einem solchen Fall nur drei Optionen haben. Wir können unsere Erwartungen ändern, wir können unsere Realität ändern oder wir können uns mit der Situation abfinden und die Spannungen, die damit verbunden sind, aushalten.

Denken wir einmal über die kalte Dusche als Beispiel für die Optionen nach, die uns bleiben, wenn wir unter Stress stehen. Sie stehen auf, drehen die Dusche an und stellen fest, dass es kein warmes Wasser gibt. Sie geraten unter Stress, denn Sie wollen heißes Wasser. Schauen wir uns die Optionen an.

Sie können verändern, was immer Sie wollen. Zum Beispiel Ihre Erwartungen. Sie können beschließen, dass Sie ohnehin kalt duschen wollten. (Mir käme das nicht in den Sinn, aber ich kenne Leute, die das so sehen würden.)

Sie können auch das verändern, was Sie vorfinden, also Ihre Realität. Sie können einen Freund anrufen und ihn fragen, ob er heißes Wasser hat. Dann nehmen Sie Ihre Siebensachen, gehen zu ihm und duschen dort. Das ist zwar nicht besonders praktisch, aber mit Sicherheit wärmer.

Oder – die dritte Option – Sie könnten die dadurch entstandene Spannung ausleben. Sie könnten sich einfach damit abfinden, dass Sie an diesem Morgen kalt duschen, auch wenn Ihnen das nicht besonders gefällt. Sie könnten sich klar machen, dass es an diesem Tag und unter diesen Umständen besser ist, diese Demütigung möglichst schnell hinter sich zu bringen, zur

Tagesordnung überzugehen und einen Installateur kommen zu lassen.

Das sind Ihre Optionen – die einzigen – wenn Sie überhaupt noch einmal warm duschen wollen. Und jede Einzelne funktioniert, wenn Sie bereit sind, die Folgen zu tragen.

Eine heiße Dusche ist keine lebenswichtige Sache. Aber auch wenn es Dinge gibt, die weit reichendere Konsequenzen haben, ist die dritte Option (Ausleben der Spannung) in vielen Fällen keine gute Wahl. Es fällt uns allen schwer, ständig die Spannung zu ertragen, die durch unerfüllte Erwartungen entsteht, ohne in die Luft zu gehen. Meine Erfahrung ist, dass wir unter solchen Umständen früher oder später explodieren.

Die Essenz des Ganzen ist in einem Ausspruch des ehemaligen Dekans der Wake Forest University Graduate School of Business enthalten. Er hieß Frank Schilagi und war eine seltene Mischung aus verdientem Akademiker und erfolgreichem Geschäftsmann.

In meinem ersten Semester sprach Dr. Schilagi über Macht und Misserfolg. Am Anfang des Semesters erklärte er uns: „Jedes Mal, wenn Sie anderen Leuten mit falschen Erwartungen begegnen – oder anderen erlauben, mit falschen Erwartungen an Sie heranzutreten – bereiten Sie den Boden für eine zukünftige Konfrontation vor.“ Ich habe feststellen müssen, dass das zutrifft – sowohl für mich als auch für meine Klienten, daher meine Warnung vor der dritten Option „Stress aushalten“.

Wenn unsere Erwartungen nicht erfüllt werden, muss etwas mit unserem Stress passieren. Wenn wir weder die Erwartungen noch die realen Umstände verändern, stauen wir den Stress nur auf. Früher oder später werden wir dann eine gewaltige Reaktion auf den investierten Stress in Form einer dramatischen Konfrontation erleben. Wenn wir unsere Beziehungen pflegen und für Ausgleich sorgen wollen, ist es unsere Aufgabe, die Bilanz einer solchen Beziehung genau zu kennen und sicherzustellen, dass (für uns selbst und für unsere Kollegen) Erwartungen und Realität stets übereinstimmen.

Regelmäßige Überprüfungen einer Beziehung können den Stress sichtbar machen, der durch unterschiedliche Erwartungen entsteht

Die beste Möglichkeit, eine solche Übereinstimmung in unseren Beziehungen sicherzustellen, besteht darin, sie zu überprüfen. Abbildung 7-4 veranschaulicht eine solche Überprüfung. Es handelt sich dabei um eine einfache Zweiermatrix. In der linken Spalte werden die Erwartungen gemessen, in der rechten die realen Umstände. Die obere Zeile misst Erwartungen und reale Umstände für den Angestellten, die untere unsere eigenen Erwartungen und realen Umstände in Beziehung zu diesem Mitarbeiter.

Eine solche Überprüfung kann uns eine ausgezeichnete Möglichkeit bieten, die gegenwärtige Bilanz der jeweiligen Beziehung zu erkennen. Sie kann darüber hinaus ein guter Ausgangspunkt für eine Diskussion mit unseren Mitarbeitern sein. Eine Beziehung ist dann besonders gut und ausgeglichen, wenn drei Dinge zutreffen: (1) Die Erwartungen des Angestellten entsprechen seiner Realität, (2) die Erwartungen des Chefs und die realen Umstände befinden sich im Gleichgewicht, und (3) Angestellter und Chef haben volles Verständnis für die gegenseitigen Erwartungen.

Wenn wir Abbildung 7-5 betrachten, wird uns klar, dass wir die Erwartungen und Sichtweisen des anderen nur dann wirklich verstehen können, wenn wir ihn danach fragen. Wir müssen den Angestellten bitten, seine Erwartungen klar zu formulieren und uns zu sagen, wie er die realen Umstände erlebt. Wir können versuchen, genügend Abstand von der Beziehung zu gewinnen, um darüber nachdenken zu können, wie der Angestellte unsere Aktionen als Chef erlebt, aber wir können nie genau wissen, wie der andere das alles wahrnimmt, es sei denn, er erzählt es uns in allen Einzelheiten.

	Erwartungsspalte	Realitätsspalte
Sicht des Angestellten	Was erwartet dieser Angestellte von mir als Chef?	Was bekommt der Angestellte tatsächlich von mir als Chef?
Sicht des Chefs	Was erwarte ich von diesem Angestellten?	Was bekomme ich tatsächlich von diesem Angestellten?

Abbildung 7-4: *Überprüfung der Beziehungen* (aus Kroncke, James E. und McNair, J. Frank, *The LEAD Program Workbook*)

In dem Platz unter der gestrichelten Linie in Abbildung 7-5 können wir ziemlich genau sein, und zwar sowohl im Hinblick auf unsere Erwartungen als auch auf die Realität, wie wir selbst sie erleben. Das ist oft eine gute Übung, die wir machen sollten, bevor wir mit anderen über unsere Frustrationen und unerfüllten Erwartungen diskutieren. Ich habe häufig erlebt, dass ich mit einem unguten Gefühl herumgelaufen bin, nur weil irgendjemand mich ungerecht behandelt und nicht genügend gewürdigt hat. Aber ich konnte nie – weder mir selbst gegenüber und schon gar nicht ihm gegenüber – klar machen, was er getan oder nicht getan hat, was mich so unglücklich gemacht hat.

Die Überprüfung der Beziehung kann dazu dienen, sich selbst zu disziplinieren, um herauszufinden, wie der andere einen im Stich gelassen hat. Sie zwingt uns darüber hinaus, die Erwartungen zu überprüfen, mit der wir der anderen Person begegnen, bevor es zu der „Konfrontation“ kommt, von der Dr. Schilagi sprach. Wir alle treten mit unausgesprochenen Erwartungen in Beziehungen ein – manche davon sind uns nicht einmal bewusst. Nirgendwo trifft das mehr zu als in der Ehe. Hier ist eine Geschichte, die davon handelt, wie sehr mir eine solche

	Erwartungsspalte	Realitätsspalte
Sicht des Angestellten	**Was erwartet dieser Angestellte von mir als Chef?** (Auch wenn wir uns etwas vorstellen können, müssen wir den Angestellten doch direkt fragen, um seine Erwartungen wirklich voll und ganz verstehen zu können!)	**Was bekommt der Angestellte tatsächlich von mir als Chef?** (Auch wenn wir uns etwas vorstellen können, müssen wir den Angestellten doch direkt fragen, wenn wir seine Erwartungen wirklich voll und ganz verstehen wollen.)
Sicht des Chefs	**Was erwarte ich von diesem Angestellten?**	**Was bekomme ich tatsächlich von diesem Angestellten?**

Abbildung 7-5: *Überprüfung einer Beziehung*

Beziehungsüberprüfung als jung Verheirateter hätte helfen können.

Der Vater meiner Frau kann einfach alles: Er kann löten und schweißen, Bäume fällen und sogar zimmern. Er kann gärtnern und Autos reparieren. Also, was glauben Sie wohl, wer bei Laura zu Hause alles repariert hat? Und was glauben Sie wohl, von wem Sie erwartete, dass er alles reparieren würde, nachdem man geheiratet hatte?

In meinem Elternhaus sah die Sache jedoch ganz anders aus. Mein Vater ist sehr geschickt mit Werkzeugen – er legte sogar die elektrischen Leitungen in dem Haus, in dem ich aufgewachsen bin. Aber meine Mutter war zuständig, wenn etwas kaputtgegangen war. Sie konnte es zwar nicht selbst reparieren, aber sie hatte ein Notizbuch, eine Liste, ein Telefonverzeichnis und ein Scheckbuch. Also telefonierte sie so lange, bis sie jemanden gefunden hatte, der es reparierte. Was glauben Sie wohl, von wem ich später erwartet habe, dass er sich um solche Dinge kümmert?

Und dann beginnen wir unsere Ehe. Ein paar Jahre lang ging alles gut, denn da besaßen wir noch nichts. Wir wohnten in einem möblierten Appartement – und wenn etwas kaputtging, brauchten wir es nur der Vermieterin zu sagen. Aber dann zogen wir in unser erstes eigenes Haus ein und ernteten die Früchte unserer unausgesprochenen Erwartungen, das heißt es kam zu Frank Schilagis „Konfrontation".

Irgendetwas ging kaputt. Laura schlich um das kaputte Teil herum und sagte sich immer wieder: „Wann wird er das endlich reparieren? Das ist jetzt schon zwei Wochen her. Schließlich ist er der Mann im Haus und für so etwas zuständig. Warum kriegt er nicht endlich die Kurve?"

Und dann kam ich und brummte: „Verdammt, der Ausguss leckt schon seit zwei Wochen. Wann wird sie endlich den Installateur anrufen? Das ist doch schließlich Aufgabe der Hausfrau. Sie hat bis jetzt überhaupt nichts unternommen."

Nachdem so etwas ein paar Mal passiert war, kamen wir beide endlich dahinter, was los war. Es wäre mit Sicherheit besser gewesen, wir hätten vorab eine solche „Beziehungsüberprüfung" durchgeführt, dann hätten wir bedeutend früher erkannt, wie es um unsere Erwartungshaltungen bestellt war, und wie unterschiedlich wir beide die Realität erlebten.

Jeder rechnet auf, und das ist auch in Ordnung. Unter diesen Umständen gibt es jedoch Mittel, die uns helfen können, die Beziehungen zu unseren Angestellten effektiver zu gestalten. Wir haben uns in diesem Kapitel drei davon angesehen.

Zuerst haben wir den Kontostand der Beziehungen betrachtet und uns klar gemacht, dass jede gute Beziehung auf beiden Seiten aus ständigem Geben und Nehmen besteht. Dann haben wir uns damit beschäftigt, wie Stress entsteht (wenn Erwartungen und Realität nicht übereinstimmen), und wir haben die drei Optionen betrachtet, die uns dann zur Verfügung stehen. (Wir können das ändern, was wir erreichen wollen, wir können das ändern, was wir haben oder wir können uns dafür entscheiden, die Spannungen auszuhalten.)

Zum Schluss haben wir noch ein sehr effektives Mittel unter die Lupe genommen, das uns helfen kann, das Wesen der Beziehung zwischen Chef und Angestellten besser zu verstehen. Es kann uns helfen, mögliche Konfliktquellen zu identifizieren, wenn wir – oder ein anderer – in der Beziehung Stress erleben. Die Überprüfung der Beziehung erlaubt uns, sowohl Erwartungen als auch die Realität aus der Sicht beider Beteiligter zu sehen. Wenn wir das tun, gelangen wir zu einem bedeutend besseren Verständnis unserer Beziehung – wir entwerfen auf diese Weise sozusagen eine Landkarte von ihr.

Diese einfachen, aber sehr wirkungsvollen Werkzeuge vermitteln uns ein bedeutend besseres Verständnis für die Beziehung zwischen Chef und Angestellten, und sie sagen uns, was wir ändern müssen, wenn unsere Beziehung aus dem Gleichgewicht geraten ist.

GRUNDREGELN FÜR DAS MANAGEMENT ZWISCHENMENSCHLICHER BEZIEHUNGEN

- Ein jeder führt Buch, und das ist auch gut so.
- Benutzen Sie das „Hauptbuch der zwischenmenschlichen Beziehungen“, damit Sie immer wissen, wo Sie stehen.
- Was ein Mitarbeiter als Einzahlung betrachtet, kann für den anderen das Gegenteil bedeuten.
- Solange Sie keine anderen Informationen haben, sollten Sie davon ausgehen, dass Ihr Mitarbeiter ein Zuckerbrot-Typ ist.
- Wenn Sie lange genug zuhören, werden die Leute Ihnen sagen, auf welche Weise Sie in sie investieren (sie motivieren) sollten.
- Es ist Aufgabe des Chefs, die erste Investition in eine professionelle Beziehung zu tätigen.

- Wenn Erwartungen und Realität nicht übereinstimmen, entsteht Stress.
- Jedes Mal, wenn Sie anderen Menschen mit falschen Erwartungen begegnen – oder ihnen erlauben, falsche Erwartungen an Sie zu richten – schaffen Sie die Grundlage für eine zukünftige Konfrontation.
- Regelmäßige Überprüfungen einer Beziehung können den Stress sichtbar machen, der durch unterschiedliche Erwartungen entsteht.

Fragen, die zum Nachdenken anregen sollen

1. Wie war Ihre erste Reaktion auf die Äußerung, „jeder rechnet auf, trägt nach"? Glauben Sie das? Warum ja oder warum nicht?
2. Auf welche Weise können Sie als Chef die erste Investition in einen Ihrer Angestellten machen?
3. Denken Sie einmal an eine Zeit, in der Sie sehr gestresst waren. Wie sahen damals Ihre Erwartungen aus? In welcher Weise stimmte die Realität, wie Sie sie erlebten, nicht mit diesen Erwartungen überein? Wie haben Sie das Problem gelöst?
4. Sind Sie jemals selbst einem anderen Menschen mit falschen Erwartungen begegnet, oder haben anderen erlaubt, falsche Erwartungen Ihnen gegenüber zu haben? Was ist dabei herausgekommen?

Anwendungsmöglichkeiten

Denken Sie einmal an einen Geschäftskollegen, mit dem Sie in der Vergangenheit eine sehr turbulente Beziehung gehabt haben. Was hat er von Ihnen erwartet? Was haben Sie von ihm erwartet? Wie sahen Ihre und seine Realität aus? Wie hätten Sie mithilfe einer Überprüfung Ihre Beziehung klären können (entwerfen Sie ein SMART-Ziel Ihrer Erwartungen), sodass Sie beide eine Chance gehabt hätten, sich nicht miteinander zu streiten?

8
Selbstmanagement: die härteste Nuss

Selbstmanagement ist die härteste Nuss von allen. Es ist schwer, sich selbst zu managen, weil man sich selbst so nahe steht. Man neigt entweder dazu, sich selbst gegenüber nachsichtiger zu sein, oder man stellt viel zu hohe Ansprüche an sich, die sowieso nicht zu erreichen sind.

Beide Extreme machen das „Sich-selbst-managen" zur schwersten Aufgabe sowohl im Beruf als auch im Privatleben. Aber es muss sein. Und es gibt verschiedene Erkenntnisse, die uns das Ganze erleichtern können.

Die erste Grundregel lautet:

Erkenne dich selbst

Oscar Wilde hat einmal gesagt: „Ich bin die einzige Person auf der Welt, die ich gern von Grund auf kennen lernen möchte." Ob Sie das auch so sehen oder nicht, Sie können viel gewinnen, wenn Sie sich möglichst gut kennen – sowohl als Manager als auch als Mensch.

Es geht mir darum, dass Sie sowohl die zahlreichen Talente entdecken, mit denen Sie gesegnet sind als auch die angeborenen Mängel, die mit diesen Talenten verbunden sind. Wir müssen wissen, was wir gut können, und wir müssen unsere blinden Flecke kennen. Denn nur dann können wir unsere Schwächen ausgleichen, unsere Stärken noch weiter entwickeln und uns dazu motivieren, „all das zu sein, was wir sein können", wie das die U.S. Army bei der Rekrutierung propagiert. Und wir dürfen dabei nie vergessen, dass alle Begabungen im *Yin* und *Yang* des Lebens auch eine Schattenseite haben.

Die Saat der Zerstörung fällt auf einen Boden, der mit unseren eigenen Talenten bestellt worden ist

Die griechischen Tragödien hatten Recht: So sehr wir auch von Gott oder vom Schicksal mit guten Genen oder mit Reichtum bedacht worden sind, können die gleichen Segnungen doch auch zu unserem Untergang führen. Wir haben das alle schon hundertmal gesehen. Auf jedem Gebiet spielt sich dieses Drama immer wieder aufs Neue ab. In der Politik, in der Religion, im Sport und zweifellos auch im Geschäftsleben haben wir Menschen kennen gelernt, die die Saat ihrer eigenen Vernichtung in einen Boden gesät haben, der von ihren großen Talenten bestellt worden ist.

Der überzeugende und charmante Politiker zieht sich in kniffligen Situationen immer wieder aus der Schlinge, indem er genau diesen Charme einsetzt. Wenn er das immer wieder macht, schleift sich dieses Verhalten mit der Zeit ein und wird zur Gewohnheit, was letzten Endes zu seinem Ruin führt. Nach einer gewissen Zeit glaubt er nämlich, dass er eine Ausnahme von der Regel ist, nach der man berechenbar sein muss. Dass er und nur er tun und lassen kann, was immer er will, ohne die Konsequenzen tragen zu müssen. Weil er charmant ist und mit Nachdruck agiert, glaubt er, dass die Leute ihm so manches nachsehen.

Und damit hat er sogar Recht – eine Zeit lang. Mit einem charmanten Lächeln und einer schlagfertigen Äußerung gelingt es ihm immer wieder, sich aus einer prekären Situation herauszuwinden. Letzten Endes wird er jedoch vor eine Wand laufen, weil er zu weit gegangen ist, sein mangelndes Verantwortungsgefühl und seine Unberechenbarkeit sind der Grund dafür.

Wie können wir so etwas vermeiden? Die Antwort ist erstaunlich einfach, obwohl das Ganze ziemlich schwierig ist.

Erkennen Sie Ihre Schwächen: Versuchen Sie, sie zu überwinden, und umgeben Sie sich mit Leuten, die Ihnen dabei helfen können

Das bedeutet, dass wir die Stellen genau kennen müssen, an denen wir mit großer Wahrscheinlichkeit versagen werden, damit wir Menschen finden können, die uns daran hindern, dort Fehler zu machen. Gleichzeitig müssen wir uns stets dazu anhalten, uns weiterzuentwickeln, sodass aus unseren Schwachpunkten schließlich Stärken werden und wir kaum noch Gefahr laufen, in dem von uns selbst angelegten Minenfeld zu landen.

Wenn wir uns mit Leuten umgeben, die unsere Schwächen ausgleichen können, geraten wir jedoch womöglich in Schwierigkeiten. Denn oft ist es so, dass wir mit Mitarbeitern, deren Stärken unsere Schwächen ausgleichen können, nicht gut auskommen.

Es gibt keine normalen Menschen – suchen Sie sich also Verrückte aus, die zu Ihnen passen

Der Journalist Dave Barry hat das einmal so ausgedrückt: *„Niemand ist normal.“* Und das ist die Wahrheit. Wir sollten nicht Gesundheit, Normalität oder Perfektion suchen, sondern eine Verrücktheit, die zu der unsrigen passt.

Wenn Sie sich Leute suchen, die Ihre Schwächen ausgleichen können, sollten Sie Wert darauf legen, dass diese Mitarbeiter Stärken haben, die mit den Ihrigen harmonieren, denn nur mit solchen können Sie gut und kollegial zusammenarbeiten.

Die Kompatibilität im persönlichen Bereich ist genau so wichtig wie die professionelle Kompetenz. (Kaum einer von uns kann ständig mit einem Menschen zusammenarbeiten, der ihm wirklich unsympathisch ist – ganz gleich, wie gut der in seinem Beruf ist.)

Begeben Sie sich also auf die Suche nach einer Verrücktheit, die mit der Ihrigen harmoniert. Suchen Sie sich Leute, die Ihre Schwächen ausgleichen können, aber vergessen Sie dabei nicht, dass Sie auch selbst an Ihren Schwachpunkten arbeiten müssen, um sie in Stärken zu verwandeln.

Nehmen Sie sich selbst an

Denken Sie einmal über Ihr Leben nach. Auf welchen Gebieten enttäuschen Sie die Leute in Ihrer Umgebung? Was können Sie besonders gut? Unter welchen Umständen können Sie besonders gut arbeiten? Was motiviert Sie?

Beobachten Sie sich einmal selbst. Wie gehen Sie durchs Leben? Was entdecken Sie dabei an sich, welche Erkenntnisse können Sie dabei gewinnen? Schieben Sie immer alles auf die lange Bank, sodass Ihre Kollegen und die Qualität Ihrer Arbeit schließlich darunter leiden? Tun Sie etwas dagegen. Geben Sie sich nicht mit faulen Ausreden wie zum Beispiel „So bin ich nun einmal" zufrieden. Vielleicht sind Sie ja so auf die Welt gekommen, das heißt aber nicht, dass Sie auf immer und ewig so leben müssen. Kaufen Sie sich ein Time Management-System oder absolvieren Sie Kurse, in denen Sie so etwas lernen können. Reden Sie mit einem Kollegen, der nicht zu denen gehört, die ein Projekt immer erst in letzter Minute fertig stellen und versuchen Sie, von ihm zu lernen. Und wenn das alles nichts hilft, sollten Sie mit einem Psychotherapeuten reden. Ist vielleicht Angst der Grund für Ihr Verhalten? Wovor haben Sie Angst? Vor dem Projekt? Vor dem Erfolg? Vor dem Misserfolg?

Erkennen Sie sich selbst, dann können Sie sich auch selbst

helfen. Das ist eine Lebensaufgabe, trotzdem werden wir hier keine Perfektion erreichen. Sie erfordert eine ungeheure Disziplin, denn wir verlangen von uns, dass wir gegen unser eigenes Naturell angehen: Wir wollen Menschen werden, die auch die Schattenseiten ihres Charakters und ihrer Talente ausgeglichen haben, Menschen, die in sich ruhen.

Das ist eine Reise, die viele Menschen nicht unternehmen, weil ihnen der Mut fehlt. Der Gewinn ist dabei jedoch bedeutend höher als der Einsatz. Aber es ist eine Reise, die tatkräftiges Handeln erfordert.

Es ist leichter, durch Handeln zu einer neuen Denkweise zu gelangen, als durch Denken eine neue Art des Handelns zu entwickeln

Das ist ein elementares Konzept der kognitiven Therapie: der Glaube daran, dass eine bestimmte Art des Handelns zu einer neuen Denkweise führt und sie formt. Wenn Sie sich wie ein selbstbewusster, überzeugender Redner verhalten, werden Sie nach einer gewissen Zeit (vorausgesetzt, Sie haben sich gut vorbereitet und hart gearbeitet) auch wie ein selbstbewusster, überzeugender Redner *denken.* Und das wird letzten Endes dazu führen, dass Sie tatsächlich ein selbstbewusster Redner sind.

Wenn Sie also vor Herausforderungen stehen, die Sie zu überwältigen drohen, müssen Sie als Erstes handeln. Handeln Sie so wie jemand, der das Problem lösen kann (selbst wenn Sie *denken*, dass Sie das nicht können).

Wir haben bereits früher darauf hingewiesen, dass man Bewegung nicht mit Fortschritt verwechseln darf, das sollten Sie nie vergessen. Umgekehrt gibt es keinen Fortschritt ohne Bewegung. Es ist zum Beispiel unmöglich, die Richtung eines größeren Objekts (Boot, Flugzeug, Auto) zu verändern, ohne dass es sich nach vorn bewegt. Nur bei der Vorwärtsbewegung können die Steuerkräfte (Ruder, Steuerrad) die Korrekturen einleiten, die das Objekt auf den gewünschten Kurs bringen.

Wenn Sie sich also selbst managen, sollten Sie eine Einstellung entwickeln, die auf eine positive, zweckvolle Handlung gerichtet ist. Das wird Ihnen das Leben erheblich erleichtern.

Seien Sie selbst Ihr bester Chef

Das ist die größte Herausforderung. Um das zu erreichen – sowohl im Selbstmanagement als auch im normalen Management – müssen wir all das umsetzen, was gutes Management auszeichnet. Hier ein Beispiel aus meinem eigenen Berufsleben.

Ich musste mich einmal durch ein schwieriges und scheinbar unendliches Projekt kämpfen. Das habe ich nur geschafft, weil ich „selbst mein bester Chef war". Ich habe mir Zwischenziele gesetzt und mich selbst belohnt, wenn ich eines dieser Ziele erreicht hatte.

Auf diese Weise machte ich mir das Ganze angenehmer, setzte einen endgültigen Abschlusstermin und eine Belohnung für die Erreichung dieses Termins fest. Ich gab mir eine Frist von insgesamt 45 Tagen und nahm mir das Versprechen ab, dass ich das Ganze auch an dem Tag auf die Post geben würde. Und dann machte ich mir die Sache noch schmackhafter, indem ich mir als Belohnung einen Termin beim Masseur gönnte. Mit dem Zuckerbrot vor der Nase, schaffte ich das Projekt in der geplanten Zeit und genoss es anschließend sehr, einmal so richtig durchgeknetet zu werden.

In diesem Beispiel habe ich mich selbst genau so motiviert, wie wir es in Kapitel 2 mit Bezug auf die Mitarbeiter vorgeschlagen haben. Ich setzte eine angemessene Belohnung aus (Frage 4, Abbildung 2-2), die mich motivierte, das Projekt termingerecht abzuschließen. Ich setzte mir also selbst ein Ziel, das den SMART-Kriterien entsprach. Das Projekt war zwar anspruchsvoll, aber durchaus zu schaffen. Ich setzte mir darüber hinaus ein Datum und belohnte die Fortschritte und die Ergebnisse, nicht die Bewegung oder die Aktivitäten. Und zum Schluss belohnte ich mich in einer Währung, die mir etwas bedeutete.

Bei dieser Art der Motivation kann ein gutes Selbstmanagement erstaunliche Wirkungen haben. In Kapitel 2 haben wir gelernt, dass man andere Menschen nicht motivieren kann. Wir können jedoch ein Umfeld schaffen, in dem sie sich selbst motivieren können.

Wenn wir die Ergebnisse unserer Bemühungen, also unserer Taten und nicht unserer Absichtserklärungen, betrachten, lässt sich diese Aussage auch auf das Selbstmanagement übertragen. Wir können die Wirkungen unserer Versuche, uns selbst zu motivieren, nur an den Ergebnissen ablesen. Und wir sind am ehesten in der Lage, solche produktiven Ergebnisse zu erzielen, wenn wir uns ein Umfeld geschaffen haben, in dem wir uns selbst motivieren können. Das heißt, wenn die Belohnungen für das Erreichen des Ziels und für unser zweckgerichtetes Verhalten klar und angemessen sind, während die Konsequenzen für ein nicht zielgerichtetes und nicht zweckdienliches Verhalten hart genug sind, dass wir sie unter allen Umständen vermeiden wollen. Es ist nicht leicht, solche maßgeschneiderten Motivatoren zu schaffen, denn es scheint auf der Welt im Hinblick auf die Arbeitsmoral nur zwei Arten von Menschen zu geben.

Es gibt zwei Arten von Menschen: die, die nicht arbeiten wollen, und die, die nicht mehr aufhören können

Ich habe diesen Satz von einem Priester – einem Presbyterianer – gehört. In diesem Ausspruch liegt ein Körnchen Wahrheit: Wir stehen oft vor dem Problem, unsere eigenen Aktivitäten bewerten zu müssen, und das ist eine große Herausforderung. Oft ist es schwierig zu bestimmen, wie hart wir arbeiten. Und wir beurteilen häufig die Schlampereien, die wir selbst verzapfen, milder als die, die auf das Konto unserer Mitarbeiter gehen. Als ich einmal wieder darüber nachgedacht habe, wie gern ich mich manchmal gehen lasse – wenn ich müde oder erschöpft bin – hat mir ein Kollege eine Einsicht vermittelt, die mir geholfen hat, auch in schwierigen Situationen durchzuhalten.

Bevor man wirklich stirbt, verliert man erst das Bewusstsein

Diese Grundregel erinnert mich an ein Plakat, das in einem Fitness-Studio hing. Es passt gut zu der Überschrift dieses Abschnitts: „Schweißperlen sind die Tränen der Muskeln!"

Ich weiß nicht, ob es auch unter physiologischen Aspekten stimmt, dass wir das Bewusstsein verlieren, bevor wir sterben. Ich bin nie bis zum Koma gegangen – weder geistig noch körperlich. Aber der Spruch hat mich dennoch immer aufrecht gehalten, wenn ich erschöpft war und in Versuchung geriet, bei den letzten schwierigen Schritten eines Projekts zu schlampen. Man verliert zuerst das Bewusstsein, bevor man stirbt – also solange ich noch bei Bewusstsein bin, arbeite ich weiter.

Und wenn Sie weiterarbeiten, werden Sie zweifellos Situationen erleben, die nicht so sind, wie Sie es geplant hatten. Sie werden mit Problemen konfrontiert, die gelöst werden müssen, mit schwierigen und mitunter vertrackten Umständen, mit denen Sie sich aber trotzdem auseinander setzen müssen. Hier sind ein paar Grundregeln, die in solchen Situationen hilfreich sein können – Regeln, die es mir möglich gemacht haben, konzentriert nach Lösungen zu suchen, statt mit dem Finger auf andere zu zeigen oder mich emotional festzufahren.

Probleme leben in der Vergangenheit, Lösungen in der Zukunft

Wenn wir uns auf den Weg ins Land der Problem- und Konfliktlösungen begeben, kann es leicht geschehen, dass wir die Übersicht verlieren und vergessen, in die Zukunft zu blicken, obwohl dort die Lösung liegt. Das ist ein Fehler.

Niemand von uns kann sein Leben einfach zurückspulen. Wir können nicht auf einen Knopf drücken, um das Falsche ungeschehen zu machen und es zu korrigieren. Der Fehler ist nun einmal gemacht worden.

Wir können nur dafür sorgen, dass er sich nicht wiederholt. Wir müssen uns also die Vergangenheit lange genug anschauen, um die Ursachen für die Probleme zu finden, mit denen wir konfrontiert werden. Dann müssen wir unseren Blick in die Zukunft richten, weil nur dort die Lösung liegen kann. Denn sie ist der einzige Ort, der für uns erreichbar ist, wo wir leben und handeln können.

Orientieren Sie sich stets an Lösungen: Konzentrieren Sie sich auf positive Ergebnisse

Aus irgendeinem Grund können Probleme das kleine Kind in uns wecken, das mit dem Finger auf andere zeigt, sobald es in Schwierigkeiten gerät. Wir müssen einen Schuldigen finden, ihn anklagen und ein Urteil über ihn fällen. Sofort fühlen wir uns alle besser (mit Ausnahme des Opfers natürlich). Und das ungelöste Problem grinst uns einfach weiter an.

Wenn wir in der Kunst des Selbstmanagements etwas weiter fortgeschritten sind, müssen wir uns von diesen Vorstellungen verabschieden. Wir wollen eine Lösung und keine Verurteilung. Also machen wir uns die Weisheit von Robert Smith aus dem

Kapitel 5 zu Eigen: „Ich bin nicht hier, um einen Schuldigen zu finden, sondern um das Problem zu lösen."

Wir müssen uns lange genug mit dem Problem beschäftigen, um die entscheidenden Fakten eruieren zu können. Wir prüfen Lösungsmöglichkeiten, suchen überlappende Interessengebiete. Und schließlich finden wir die Lösung, die für alle Beteiligten die beste ist, und setzen sie um.

Je wütender Sie werden, um so dümmer werden Sie auch

Ich habe noch nie jemanden kennen gelernt, der eine gute Entscheidung trifft, wenn er wütend ist. Es gibt sogar ein Wort für dieses Verhalten: Man nennt es irrational.

Wer von uns hat nicht schon einmal in der Hitze des Gefechts etwas gesagt oder getan, das er hinterher gerne zurücknehmen oder ungeschehen machen würde. Und unsere Beobachtungen und unsere Erfahrung bestätigen das: Je wütender wir sind, um so dümmer sind wir auch.

Es ist also unsere Aufgabe, uns so zu beherrschen, dass wir Ärger und Wut vermeiden – zumindest die Art Wut, die unsere Hände zittern lässt und uns fast die Stimme verschlägt. Ärger schafft Situationen, in denen Beziehungen zerstört werden können, und das macht Feinde, und die werden mit der Zeit immer zahlreicher.

Freunde kommen, Freunde gehen, die Feinde werden immer zahlreicher

Das ist traurig, aber wahr. Freunde kommen und gehen tatsächlich, vor allem in einer so mobilen Gesellschaft wie unserer. Und die Feinde sammeln sich an, die Liste wird mit der Zeit immer länger, und das hängt unter anderem mit unseren Wutanfällen zusammen, die wir im unpassenden Augenblick haben. Denken Sie immer daran: Man kann gar nicht genug Freunde haben. Auf Feinde können wir alle gern verzichten. Mit Selbstbeherrschung können wir es schaffen, uns weniger Menschen zum Feind zu machen. Sie hilft uns, im Geschäft und in beruflichen Beziehungen effektiv zu sein. (Denken Sie an unsere Grundregel aus dem Kapitel 5: Sie müssen nicht wütend sein, um jemandem ein korrektives Feedback zu geben.)

Oft sind Übermüdung und Erschöpfung die Ursachen dafür, dass wir wütend werden und überempfindlich reagieren. Wir haben womöglich zu viel gearbeitet und zu wenig Pausen gemacht. Seltsamerweise glauben wir oft, wir seien unersetzlich. Wir verzichten deshalb auf unseren wohlverdienten Urlaub, damit wir immer vorn dabei sind und weiter schuften können. Tun Sie das nicht!

Der einzige Mensch, der sich in zwanzig Jahren noch daran erinnern wird, dass Sie auf Ihren Urlaub verzichtet haben, sind Sie selbst (und Ihre Familie)

Sie und ich kennen solche Leute. Sie sind mit ihrer Arbeit verheiratet. Sie schuften an ihren Schreibtischen, machen nie Urlaub und sind immer da. Ich weiß nicht, warum sie das tun, aber vielleicht haben sie die unausgesprochene Erwartung, dass es eines Tages eine große Belohnung für diese Stunden am Schreibtisch geben wird. Tun Sie so etwas nicht!

Ein Unternehmen ist kein lebendiger Organismus, es hat kein Gedächtnis. Ihre Familie hat dagegen ein Gedächtnis. Alle werden sich an die Urlaube erinnern, auf die Sie verzichtet haben, um weiterarbeiten zu können und „nur noch diesen letzten Bericht fertig zu machen“. Jedes Familienmitglied wird sich noch an die Sportveranstaltungen erinnern können, die Sie verpasst haben, an die Familienfeste, bei denen Sie fehlten, und an die tausend verschiedenen Gelegenheiten, die Sie wegen Ihrer Hingabe an das Unternehmen ausgelassen haben. Das ist es nicht wert.

Wie Sie zweifellos wissen, sagt kaum einer auf dem Sterbebett: „Ich wünschte, ich hätte mehr Zeit bei der Arbeit verbracht." Also machen Sie Urlaub. Lassen Sie das Handy und den Pager zu Hause, erholen Sie sich mit Ihrer Familie, genießen Sie die Freude und den Frieden der freien Zeit.

Wenn Sie einmal richtig abschalten, werden Sie mit frischem Elan wieder an die Arbeit gehen können. Sie werden neue Ideen haben, die Kraft, ein neues Projekt in Angriff zu nehmen, das Ihnen vorher Angst gemacht hat, oder Sie haben jetzt wieder die Geduld, sich mit einem schwierigen Mitarbeiter auseinander zu setzen. Die Urlaubszeit ist zwar ausgesprochen erholsam, aber die Umstellung nach der Rückkehr kann schwierig sein, deshalb sollten Sie sich immer an den nächsten Aphorismus erinnern.

Geben Sie niemals gleich am ersten Tag nach Ihrer Rückkehr auf

Ich weiß nicht, wie oft ich entspannt aus dem Urlaub zurückgekommen bin, und sofort in den Strudel überfließender Posteingangskörbe, roter Lämpchen meines Anrufbeantworters und unendlich langer E-Mails geraten bin.

Ein Urlaub ist ohnehin ein paradoxes Vergnügen. Die Vorbereitungen sind in der Regel ziemlich hektisch, weil man natürlich versucht, die Arbeit der ersten Urlaubswoche vorzuziehen, damit man ohne Schuldgefühle abreisen kann.

Das hat zur Folge, dass wir zu Beginn des Urlaubs erschöpft sind und erst einmal vier Tage brauchen, um uns von diesen hektischen Vorbereitungen zu erholen. Die letzten drei Tage der Ferien genießen wir dann, um am Montagmorgen in ein Büro zurückzukommen, das aussieht, als wäre ein Postauto mit einer Bücherei auf Rädern zusammengestoßen und man hätte das Ergebnis auf unserem Schreibtisch abgeladen.

An diesem Punkt würde ich immer am liebsten das Handtuch werfen. Zu viele Nachrichten auf dem Anrufbeantworter, zu viele E-Mails, zu viel Post. Ich sage mir dann: „Ich hasse diesen Job. So schlimm ist es noch nie gewesen…" Auch Sie würden am liebsten aufgeben. Tun Sie es nicht. Was Sie erleben, ist die Rückkehr aus der Welt des Vergnügens und der Erholung in die Welt der Produktion und des Handels. Beides bedingt einander. Halten Sie wenigstens so lange aus, bis Ihnen wieder einfällt, warum Sie sich ursprünglich für diesen Beruf entschieden haben.

Zum Schluss unserer Überlegungen über das Selbstmanagement sollten Sie sich immer wieder an diesen letzten Spruch erinnern.

Sie können sich getrost selbst entlassen

Wir alle kennen solche Situationen. Man schuftet in einem Job, der einem immer weniger Befriedigung verschafft. Man verrichtet eine Arbeit, die einem immer mehr auf die Nerven geht. Sie bleiben nur noch bei der Stange, weil Sie zu träge sind, etwas anderes zu tun, und weil Sie sich in diesem Job sicher fühlen.

Dann ist der Zeitpunkt gekommen, an dem Sie sich selbst entlassen sollten. Entweder Sie werden wieder der Profi, der Sie einmal waren, als Sie sich für diese Art Arbeit begeistert haben, oder Sie entlassen sich selbst. Suchen Sie sich etwas, das Ihnen besser gefällt und stürzen Sie sich mit der gleichen Begeisterung darauf, die Sie ursprünglich für Ihren gegenwärtigen Job hatten. In jedem Fall ist es richtig, sich selbst zu entlassen.

Selbstmanagement: Das ist die härteste Nuss, weil Sie die härteste Nuss sind, die Sie als Chef je knacken müssen. Wenn Sie jedoch ein guter Manager werden wollen, ist Selbstmanagement unabdingbar, denn nur dann können Sie Ihr Unternehmen dorthin führen, wo es hingehört.

GRUNDREGELN DES SELBSTMANAGEMENTS

- Erkenne Dich selbst.
- Die Saat der Zerstörung fällt auf einen Boden, der mit unseren eigenen Talenten bestellt worden ist.
- Erkennen Sie Ihre Schwächen: Versuchen Sie, sie zu überwinden, und umgeben Sie sich mit Leuten, die Ihnen dabei helfen können.
- Es gibt keine normalen Menschen – suchen Sie sich also Verrückte aus, die zu Ihnen passen.
- Nehmen Sie sich selbst an.
- Es ist leichter, durch Handeln zu einer neuen Denkweise zu gelangen, als durch Denken eine neue Art des Handelns zu entwickeln.
- Seien Sie selbst Ihr bester Chef.
- Es gibt zwei Arten von Menschen: die, die nicht arbeiten wollen, und die, die nicht mehr aufhören können.
- Bevor man wirklich stirbt, verliert man erst das Bewusstsein.
- Probleme leben in der Vergangenheit, Lösungen in der Zukunft.
- Orientieren Sie sich stets an Lösungen: Konzentrieren Sie sich auf positive Ergebnisse.
- Je wütender Sie werden, um so dümmer werden Sie auch.
- Freunde kommen, Freunde gehen, die Feinde werden immer zahlreicher.
- Der einzige Mensch, der sich in zwanzig Jahren noch daran erinnern wird, dass Sie auf Ihren Urlaub verzichtet haben, sind Sie selbst (und Ihre Familie).
- Geben Sie niemals gleich am ersten Tag nach Ihrer Rückkehr auf.
- Sie können sich getrost selbst entlassen.

Fragen, die zum Nachdenken anregen sollen

1. Welche Saat der Zerstörung ist in die Scholle gesät worden, die mit Ihren Talenten bestellt wurde? Wie können Sie die Schattenseiten Ihrer Talente in den Griff bekommen?
2. Was betrachten Sie als Ihre größte Schwäche? Wie können Sie sie überwinden und dafür sorgen, dass Sie Mitarbeiter haben, die das ausgleichen?
3. Es gibt zwei Arten von Menschen: die, die nicht arbeiten wollen, und die, die nicht aufhören können. Zu welcher Art zählen Sie selbst? Wie beeinflusst Ihr Arbeitsstil Ihre Fähigkeit, mit Ihren Mitarbeitern umzugehen?
4. Haben Sie sich selbst schon einmal entlassen? Warum? Und was ist daraus geworden?

Anwendungsmöglichkeiten

Denken Sie einmal darüber nach, wie Sie mit Problemen und Konflikten umgehen. Was können Sie tun, um lösungsorientiert zu bleiben? Wie können Sie für alle Beteiligten häufiger ein positives Ergebnis erreichen, ohne sie unnötigen Qualen und Leiden auszusetzen?

9
Führung

Führung ist – wie Motivation – ein schillernder Begriff. Es ist schwer, genau zu definieren, was man damit meint, aber leicht zu erkennen, wenn man damit konfrontiert wird. Wie die Motivation leidet auch der Begriff Führung darunter, dass es tausend Theorien, Gebote, Modelle und häufig einander widersprechende Direktiven gibt. Führung ist ein problematisches und schwieriges Thema – eines, das die Menschheit seit Jahrhunderten beschäftigt.

Ganz gleich, welcher Theorie man sich verpflichtet fühlt, es gibt ein paar Dinge zu diesem Thema, die grundsätzlich stimmen. Und in diesem Kapitel geht es genau um diese Dinge.

Jedes Mitglied einer Gruppe wird am stärksten durch den Führungsstil des Chefs beeinflusst

Denken Sie einmal über Ihre eigenen Erfahrungen in Unternehmen nach – sowohl über die angenehmen als auch die unangenehmen. Können Sie sich an die Fußballmannschaft erinnern, in der Sie früher mal gespielt haben? Damals wären Sie buchstäblich mit dem Kopf unter dem Arm zum Training gegangen, weil das Gemeinschaftsgefühl so stark war. Das hatte zweifellos auch etwas mit dem Führungsstil des Trainers zu tun.

Vielleicht haben Sie diese Erfahrung ja auch in Ihrem Kirchenchor gemacht. In dieser Gruppe haben Sie damals erlebt, ein wichtiges Mitglied der Gemeinschaft zu sein. Sie hatten das Gefühl, dass Sie gleichzeitig etwas lernten und etwas zur Gemeinschaft beitrugen – und Sie freuten sich sowohl auf die Proben als auch auf die Messe. Ihre Begeisterung hatte ihren Ursprung damals zumindest zum Teil in dem Führungsstil des Chorleiters.

Vielleicht war es auch ein Freizeitclub, eine Arbeitsgruppe, zu der Sie gehörten oder irgendeine andere Organisation – eine Gruppe, die sich um einen Leiter scharte, der ein Umfeld schuf, in dem Sie geführt werden wollten und seine Führungsrolle anerkannten.

Der Führungsstil der Person, die an der Spitze einer Organisationspyramide steht, ist ein wichtiges Kriterium für die Art und Weise, wie alle die, die ihr angehören, ihre Arbeitswelt erleben. Und das führt uns zu unserer nächsten Grundregel.

Das Betriebsklima eines Unternehmens lässt sich am besten erkennen, wenn man die Leute beobachtet, die die eigentliche Arbeit tun

Die Leute, die die eigentliche Arbeit leisten, sind am nächsten am Kunden und am Endprodukt. Sie haben das beste Gefühl für das Betriebsklima ihres Unternehmens und die wenigsten Vorurteile. Und ihre Einstellung wird unmittelbar durch den Führungsstil ihres direkten Chefs beeinflusst.

Beachten Sie das Wort „direkt". Es ist durchaus möglich (ja sogar wahrscheinlich), dass man in einem Unternehmen Nischen findet, in denen die Leute zufrieden sind und effektiv arbeiten, während die restliche Belegschaft nur aus unzufriedenen, nörgelnden und demotivierten Leuten besteht. Umgekehrt gibt es in Unternehmen, deren Mitarbeiter hoch motiviert sind und mit vollem Einsatz arbeiten, kleine Nischen der Unzufriedenheit. Das einzige Bindeglied zwischen diesen einzelnen Nischen, die in keinem engen Zusammenhang mit dem Rest des Unternehmens stehen, ist der Chef. Wenn Sie sich die Führungspersönlichkeit anschauen, können Sie sagen, wie die ihm unterstellte Gruppe aussieht. Das Niveau des bewussten, gezielten und kompetenten *Dienstes*, den der Chef leistet, ermöglicht die beste Voraussage der Zufriedenheit und Produktivität einer Arbeitsgruppe.

Die besten Führungskräfte sind Menschen, die auch dienen können

Das ist einer der aussagekräftigsten Aphorismen dieses Kapitels. Nur die Führungskräfte, die bereit sind zu dienen – sowohl ihren Mitarbeitern als auch dem höheren Ziel des Unternehmens – können Korpsgeist, Enthusiasmus und hoch motivierte Untergebene schaffen und hoch gesteckte Ziele erreichen. Der Dienst, den diese Menschen für die Gruppe leisten, kann mannigfache Formen annehmen: Sie können eine Vision entwickeln, sie anderen vermitteln und den Gruppenmitgliedern Ressourcen verschaffen. Sie wählen aus, bilden aus und sie bekommen von den Gruppenmitgliedern Feedback. Sie vertreten die Interessen ihres Teams bei der Geschäftsleitung, teilen ihren Untergebenen die Entscheidungen und Strategien der Chefetage mit und erfüllen noch zahlreiche andere Aufgaben.

Die Führungsperson verhält sich jedoch immer so, dass sie weder die Bedürfnisse ihrer Untergebenen noch die des Unternehmens aus dem Auge verliert. Und sie dient darüber hinaus dem Unternehmensziel. Man könnte aus allen möglichen Lebensbereichen unendlich viele Beispiele für diese Form der Führung finden. Mahatma Ghandi diente dem indischen Volk (und letzten Endes auch den Regenten des britischen Imperiums). Er hatte die Vision eines neuen Indien und konnte diese gewaltlose, aber sehr überzeugende Vision England und dem Rest der Welt vermitteln.

Jahrzehnte später übernahm Martin Luther King Teile der Philosophie Mahatma Gandhis und versuchte mit ihrer Hilfe, seine

Anhänger an den Gefahren der Rassentrennung und der rohen Gewalt vorbeizusteuern. Er diente seiner Bewegung und seinem Land und ebnete so den Weg zu einer bedeutend friedlicheren Gesellschaft. Er erreichte das, indem er sich in den Dienst der Bedürfnisse der schwarzen Amerikaner stellte und dem rassistischen Amerika seine Vision einer gerechten Gesellschaft entgegensetzte.

Aber abgesehen von der Politik gibt es auch in der Welt des Sports zahlreiche Beispiele von Trainern, deren wichtigste Funktion der Dienst an den Menschen war, die für sie spielten. Der inzwischen pensionierte, legendäre Basketballtrainer Dean Smith von der University of North Carolina war bekannt für seine Solidarität mit seinen Spielern. Er diente ihnen, indem er nie ihre Interessen aus dem Auge verlor, selbst wenn sie im Widerspruch zu denen der aufgebrachten Fans standen. Mehr als einmal kam es vor, dass Smith bestimmten Spielern den Rat gab, noch vor dem Ende des Studiums die University of North Carolina zu verlassen, um eine Karriere als Profi zu machen. Er sagte, kein zwanzigjähriger Mann dürfe sich die Gelegenheit entgehen lassen, Millionen Dollar zu verdienen, wenn sie direkt vor seiner Nase lägen.

Auch im Geschäftsleben gibt es Führungspersönlichkeiten, die ihren Untergebenen dienen, obwohl es hier nicht so leicht zu erkennen ist, weil diese Teams bedeutend größer und die Beispiele weniger bekannt sind. Aber man kann die Geschichte der Entwicklung des Ford Taurus noch einmal erzählen. Als Donald Peterson zum Vorstandsvorsitzenden der Ford Motor Company ernannt worden war, führte man ihn durch die Planungsstudios. Dort lernte er das Designerteam, das an dem neuen Modell arbeitete, kennen. Der Taurus war noch nicht vorgestellt worden, und man versprach sich viel von der erfolgreichen Präsentation des neuen Mittelklassewagens, der einen großen Teil der amerikanischen Öffentlichkeit ansprechen sollte.

Peterson sah sich die Entwürfe und die Zeichnungen an. Dann wandte er sich an das Planungsteam und sagte in etwa: „Wie würde dieses Auto denn aussehen, wenn Sie die Möglichkeit hätten, es von Grund auf so zu entwerfen, wie Sie es für das Beste hielten – also ohne Einschränkungen durch Unternehmenszwänge?"

So etwas hatten die Leute noch nie gehört. Es löste große Begeisterung aus, und führte nach harter Arbeit letzten Endes zum „Jellybean Design" Mitte der 1980er-Jahre. Der Ford Taurus erreichte in einem Jahr die höchsten Verkaufszahlen in der Geschichte der amerikanischen Automobilindustrie. Peterson hatte seinen Mitarbeitern *gedient,* indem er ihnen die Möglichkeit geboten hatte, ihr Bestes zu geben. Die Ergebnisse waren verblüffend.

Das Dienen kann unterschiedliche Formen annehmen. Hier ist eine Geschichte über den Gegensatz zwischen sich selbst dienen und wahrem Dienen.

Als junger Mann habe ich einmal für einen intelligenten, aggressiven Trainer Football gespielt. Er brüllte ständig herum. Am Ende einer Saison ohne Niederlage fegten wir einen eigentlich überlegenen Gegner buchstäblich vom Platz. In der zweiten Halbzeit machte ich einen Fehler, der unser Team 15 Yards kostete.

Der Trainer verlangte Time-out, also eine Spielunterbrechung, und der Quarterback trottete zur Seitenlinie. Er kam sofort zurück und bedeutete mir, dass der Trainer mich sehen wollte. Ich lief zu ihm und erlebte eine Art Rumpelstilzchen. Er schrie, tobte und fluchte. Er machte mich vor allen Fans herunter und schickte mich dann aufs Spielfeld zurück.

Warum hat er das getan? Ich weiß es nicht. Vielleicht wollte er mich auf diese Weise motivieren, aber der Erfolg war, dass ich nie wieder für ihn gespielt habe. Und das ist oft das Ergebnis solcher Aktionen, die nur dem eigenen Ego dienen. Aktionen (wie dieser Wutanfall) mögen dem Trainer nützen, aber sie haben nichts mit seinen Leuten zu tun.

Und jetzt eine Geschichte über einen wahren Dienst. Auf der Uni hatte ich dann wieder einen intelligenten und aggressiven Trainer. Er war Professor, und er war gut.

Einmal stellte er uns eine Aufgabe, die ich gut – aber nicht außergewöhnlich gut – löste. Ich bekam sie zurück und hatte eine Zwei. Nicht schlecht, dachte ich. Dann las ich die Arbeit eines Kommilitonen, und der Typ hatte eine Eins, und das, obwohl seine Arbeit meiner (zweifellos vorurteilsfreien) Meinung nach schlechter war als meine.

Also ging ich zum Professor. Ich trug ihm meine Beobachtungen vor. Ich wies auf die Mängel in der Arbeit meines Kommilitonen hin und auf die Pluspunkte in meiner eigenen. Dann fragte ich ihn: „Wie soll ich das verstehen?“ Er lehnte sich in seinem Stuhl zurück, blickte mir fest in die Augen und sagte: „Ich versuche, Leuten die Note zu geben, die ihnen am meisten nützt.“

„Was?“, fragte ich verblüfft.

„Ich versuche, Leuten die Note zu geben, die ihnen am meisten nützt. Sie haben Recht – Ihre Arbeit ist besser als die Ihres Kommilitonen. Aber Sie konkurrieren nicht mit ihm. Sie konkurrieren mit sich selbst. Ihr Kommilitone hat in der Arbeit sein Bestes gegeben, also habe ich sie mit Eins bewertet. Sie dagegen haben eine gute Arbeit abgeliefert, aber nicht Ihre beste. Also habe ich Ihnen eine Zwei gegeben. Ich wollte Ihnen damit zeigen, dass ich den Unterschied sehr wohl bemerke. Geben Sie mir Ihr Bestes, dann bekommen Sie von mir auch eine Eins.“

Bei diesem Professor habe ich nie wieder geschlampt. Er hatte seine Reaktion an meine speziellen Bedürfnisse, Fähigkeiten und Schwächen angepasst und mir auf diese Weise einen guten Dienst erwiesen. Da ich wusste, dass er den Unterschied sehr wohl bemerken würde, spornte mich das auch in anderen Lehrveranstaltungen zu Höchstleistungen an.

Es ist nicht leicht, auf jeden Mitarbeiter angemessen zu reagieren. Aber es ist die beste Methode, wenn man ihm einen guten Dienst erweisen will.

Eine gute Führungskraft muss dienen können. Wenn wir über die vielen Rollen nachdenken, die wir im Unternehmen spielen – und an die zum Teil im Widerspruch zueinander stehenden Prioritäten, mit denen wir konfrontiert sind – müssen wir unsere

Entscheidungen so treffen, dass sie auf lange Sicht den Interessen unserer Leute dienen. Das schließt das Gesamtunternehmen, unsere Kunden und alle anderen, denen gegenüber wir Verantwortung tragen, ein.

Wenn wir erst einmal begonnen haben zu dienen, kommt das mit der Führungsqualität praktisch ganz von selbst. Alle großen Religionsführer der letzten drei Jahrtausende waren Menschen, die den anderen gedient haben. Das Beste, das wir als Erinnerung an uns zurücklassen können, ist die Tatsache, dass wir anderen Menschen gedient haben. So etwas ist bedeutend beständiger als Reichtum, Denkmäler oder hochtrabende Grabreden. Dienen ist eine elementare Voraussetzung der Führung, aber es gibt noch andere. Eine weitere wichtige Voraussetzung besteht darin, dass die Führungspersönlichkeit das, was sie bereits weiß, auch in die Tat umsetzt.

Nicht das, was wir nicht wissen, sondern das, was wir nicht tun, bringt uns in Schwierigkeiten

Denken Sie einmal einen Augenblick lang an die Tausenden von Verkehrsunfällen, die heutzutage in Amerika passieren, an die vielen Menschen, die auf unseren Straßen sterben. Liegt das daran, dass diese Leute nicht *wissen*, dass man eine rote Ampel beachten muss, dass man eine Doppellinie auf der Fahrbahn nicht überfahren darf oder dass es verboten ist, unter Alkoholeinfluss zu fahren? Nein, das ist nicht das Problem. Das Problem ist vielmehr, dass diese Menschen etwas tun, obwohl sie *wissen*, dass sie es nicht tun dürfen. Sie wenden die Grundregeln des Straßenverkehrs nicht an, obwohl sie ihnen bekannt sind.

Genauso kann es mit den Problemen der Führung sein. Wir wissen, dass wir von unseren Leuten nur etwas erwarten können, wenn wir ihnen auch etwas bieten. Wir haben das schon oft gehört und beobachten können und wir sind davon überzeugt, dass es stimmt. Trotzdem fallen wir oft in alte Gewohnheiten zurück, treffen selbstherrliche Entscheidungen und zwingen sie unseren Leuten auf. Dann sind wir ganz überrascht, wenn die Mitarbeiter uns nicht zujubeln, weil wir solche visionären Entscheidungen treffen.

Unsere Untergebenen möchten an den Entscheidungen beteiligt werden – an jeder Entscheidung, die sie umsetzen sollen. Je mehr sie darüber wissen, um so stärker werden sie sich für das Projekt engagieren, um dafür zu sorgen, dass es auch funktioniert. Wir *dienen* unseren Untergebenen, indem wir sie an den Entscheidungsprozessen beteiligen, sodass sie eine vernünftige Chance haben, produktive Vorschläge zu machen.

Wenn man dagegen seinen Mitarbeitern diese Möglichkeit nicht bieten kann, muss man ihnen zumindest erklären, warum man die Entscheidung so und nicht anders treffen konnte. Die Leute wollen immer gern wissen, warum etwas geschieht. Wir haben das schon oft erwähnt und sind auch davon überzeugt. Wenn wir jedoch mit dem Rücken zur Wand stehen und keine Zeit mehr haben, geben wir nur Direktiven, die sich auf das „Was" beziehen, ohne ein Wort über das „Warum" zu verlieren. Und dann wundern wir uns, warum das Betriebsklima so schlecht und die Personalfluktuation so hoch ist.

Wenn wir unsere Leute gut informieren und ihnen das „Warum" der Unternehmenspolitik erklären, erfüllen wir zwei wichtige Aufgaben. Als Chef sind wir verpflichtet, unsere Untergebenen zu informieren und ihr Fürsprecher bei der Geschäftsleitung zu sein. Wir wollen diese Konzepte einmal etwas genauer betrachten.

Als Führungskraft sind Sie das Bindeglied zwischen Ihrer Arbeitsgruppe und dem Rest des Unternehmens

Einer meiner Mentoren hat einmal gesagt, dass Manager und Führungskräfte Bindeglieder zwischen der Arbeitsgruppe und dem Gesamtunternehmen sind. Es ist tatsächlich so, dass wir die Aufgabe haben, unseren Leuten die Politik des Gesamtunternehmens zu erklären. Das heißt, wir sagen ihnen, „warum" etwas geschieht. Warum hat unser Unternehmen beschlossen, seine Produktlinie zu ändern? Oder die Preise zu erhöhen? Oder auf bestimmten Märkten nicht vertreten zu sein? Auf diese Fragen wollen unsere Mitarbeiter Antworten haben, das sind Fragen, mit denen sie sich herumschlagen und die bei ihnen Zweifel aufkommen lassen, wenn sie nicht angemessen beantwortet werden. Also ist es eine unserer Aufgaben, das „Warum" der Entscheidungen der Firmenleitung klar zu formulieren und zu interpretieren.

Das ist oft schwieriger als es zunächst erscheint. Es kommt zwangsläufig vor, dass die Unternehmensführung durchaus Entscheidungen trifft, mit denen wir selbst nicht einverstanden sind. Es ist dann sehr verlockend, sich vor die eigenen Leute zu stellen und Bemerkungen zu machen wie: „Diese Schwachköpfe da oben haben beschlossen …" Das ist zwar wie gesagt sehr verlockend, aber keine gute Entscheidung. Diese Methode – die von einigen Theoretikern „transparentes Management" genannt wird – entfernt uns aus dem Führungsteam und macht aus uns „einen von den Jungs". Kurzfristig kann das sogar Spaß machen.

Nach einer gewissen Zeit trifft die Firmenleitung jedoch dann eine Entscheidung, mit der wir voll und ganz übereinstimmen. Wir stehen dann vor unseren Leuten, erklären ihnen die Entscheidung, erzählen ihnen, was das für eine großartige Idee ist und warum sie sich mit Begeisterung dafür einsetzen sollten, um die Ziele, die man ihnen vorgibt, zu erreichen. Dann werden sie uns angucken und sagen: „Aber Sie haben doch selbst gesagt, in der Firmenleitung säßen nur Schwachköpfe." Dadurch, dass wir das so genannte „transparente Management" praktiziert haben, haben wir unsere Rolle als Interpret abgelegt und unseren Einfluss auf die Gruppe verloren. Darüber hinaus *dienen* wir ihnen nicht mehr, weil wir ihnen nicht helfen, die Gründe und Konsequenzen einer solchen unternehmerischen Entscheidung zu verstehen.

Interpretation allein reicht jedoch nicht aus. Unsere zweite Rolle als Führungskraft besteht darin, dass wir die Interessen unserer Mitarbeiter der Firmenleitung gegenüber vertreten. Das tun wir, indem wir ihre Sorgen und Nöte der Geschäftsführung nahe bringen. Nur dann werden sie sich voll und ganz für die Ziele des Unternehmens einsetzen.

Diese beiden schwierigen Rollen sind in Abbildung 9-1 als „Dolmetscher und Fürsprecher" dargestellt. Beide Funktionen

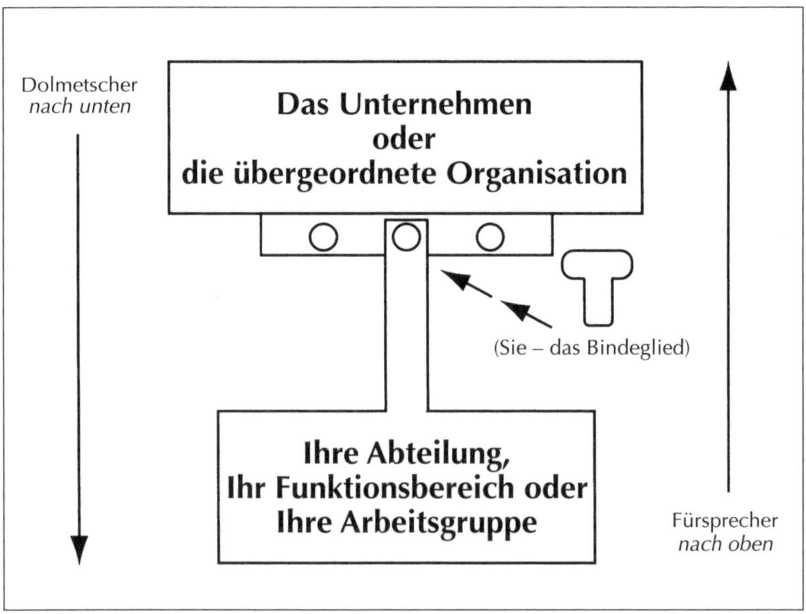

Abbildung 9-1: *Manager als Bindeglied*

sind wichtig, wenn wir als Führungskraft unseren Leuten wirklich helfen, also ihnen *dienen* wollen. Wir müssen diese beiden Rollen aus mehreren Gründen spielen. Zunächst einmal liegt es im Interesse der gesamten Organisation. Interpretation und Fürsprache sind zwei Aufgaben, die wir übernehmen müssen, damit Informationen auf eine effektive Weise in der Hierarchie von oben nach unten und von unten nach oben gelangen. Darüber hinaus sind beide Aufgaben jedoch auch im Interesse der zwischenmenschlichen Beziehungen sinnvoll. Das zeigt unsere nächste Grundregel, die eine der wichtigsten Erkenntnisse im zwischenmenschlichen Bereich darstellt.

Den Leuten ist es egal, wie viel wir wissen, ihnen geht es darum, wie intensiv wir uns um alles kümmern

Eine Möglichkeit, Ihren Leuten zu beweisen, dass Sie sich tatsächlich um sie kümmern, besteht darin, dass Sie ihnen immer genau erklären, warum bestimmte Dinge getan werden müssen. Wir können ihnen das auch zeigen, indem wir in bestimmten Problemfällen und bei Umstellungen bei der Firmenleitung ein gutes Wort für sie einlegen. Das gilt auch, wenn sie zum Beispiel Verbesserungsvorschläge machen.

Wir zeigen unseren Leuten, dass uns etwas an ihnen liegt, wenn wir ihre Bedürfnisse nach umfassender Information ernst nehmen, und Verständnis dafür haben, dass sie an Entscheidungen und Strategien des Unternehmens beteiligt werden wollen. Wir müssen ihren Beitrag ernst nehmen, sowohl im Hinblick auf das „Warum" als auch auf das „Was" der Unternehmensziele. Wenn wir all das tun, werden sie sich wirklich engagieren und ihre Kollegen mitreißen.

Ich habe mich einmal beklagt, dass in der Organisation, in der ich gearbeitet habe, ein Mangel an effizienten, engagierten, einfühlsamen, visionären Führungskräften bestand. Während ich noch so herum jammerte, sagte ein Freund, der nicht in diesem Unternehmen arbeitete, zu mir: „Weißt du Frank, man muss selbst einer sein, um einen zu erkennen. Und man muss selbst einer sein, um es einem anderen zeigen zu können. Und man muss selbst einer sein, um sich einen anderen heranzuziehen."

Er wollte mich auf diese Weise (vielleicht nicht ganz so freundlich, wie ich es mir gewünscht hätte) mit der Nase darauf stoßen, dass ich selbst für das Verhalten meiner Leute verantwortlich sei und ihnen mit gutem Beispiel vorangehen müsse, damit sie so würden, wie ich sie gerne hätte. Ich musste also zuerst selbst eine einfühlsame, engagierte, beständige und visionäre Führungskraft werden. Wie er gesagt hatte, man muss erst selbst einer sein, um einen erkennen zu können usw.

Als ich dann meinen Leuten mit gutem Beispiel voranging und mein Verhalten entsprechend änderte, konnte ich feststellen, dass sich auch meine Mitarbeiter häufiger so verhielten. So sind die Menschen nun einmal: Sie ahmen gern ein Verhalten nach, das sie für hilfreich und nützlich halten. Ich wurde allmählich besser und mit mir meine Leute. *Den Menschen ist es egal, wie viel Sie wissen, ihnen geht es vor allem darum, dass Sie sich um alles kümmern.* Wir können ihnen das durch unser Verhalten in der Doppelrolle des Vermittlers und Fürsprechers beweisen. Dadurch regen wir unsere Untergebenen außerdem dazu an, auch in ihren eigenen Teams diese Rollen zu übernehmen. Wenn wir unseren Mitarbeitern mit gutem Beispiel vorangehen, werden sie schließlich unser Verhalten übernehmen und wiederum ihren Mitarbeitern ein Vorbild sein.

Zwei weitere Aphorismen, die wir uns jetzt einmal genauer ansehen wollen, vervollständigen das Kapitel.

Ein Chef kann nicht gewinnen, wenn seine Leute verlieren

Diese Erkenntnis erreicht viele Manager zu spät. Sie gehen automatisch davon aus, dass sie über ihre Teams erhaben sind und in einer anderen Welt leben. Sie glauben, sie könnten ihren Leuten Aufgaben stellen oder Strategien vermitteln, durch die das Team verliert, während sie selbst dabei gewinnen. Das sind Führungskräfte und Manager, die die Essenz der Geschichte von der „Meuterei auf der Bounty" nicht begriffen haben. Auf lange Sicht kann ein Manager nicht gewinnen, wenn seine Leute verlieren.

Das erinnert uns an den Satz: „Die besten Führer sind die, die auch dienen können." Wir müssen unseren Mitarbeitern dienen, indem wir sicherstellen, dass sie mit Ergebnissen konfrontiert werden, durch die sie bestätigt werden und als Gewinner dastehen. Und sie müssen entsprechend entlohnt werden. Und wenn es uns nicht möglich ist, eine solche Situation zu schaffen, müssen wir ihnen klar machen, dass wir alle in einem Boot sitzen. Sie müssen wissen, dass in einem solchen Fall – also wenn das Team verloren hat – auch der Manager verloren hat und in der gleichen Situation ist wie die anderen Teammitglieder. Es steht einem Chef, einem Manager oder einem Trainer nicht gut an, auf Kosten seines Teams zu gewinnen. Die Leute haben für so etwas ein gutes Gedächtnis, und kleine Gewinne, die ein Chef auf Kosten seines Teams macht, werden ihm auf lange Sicht riesige Verluste einbringen. Ein Chef kann nicht gewinnen, wenn sein Team verliert.

Wollen Sie den Streit gewinnen oder das Problem lösen?

Diese Erkenntnis über den Sieg des Chefs und die Niederlage seines Teams verdanke ich einem meiner großen Mentoren. Lee Kleese war Oberst in der U.S. Army gewesen – einer jener knochenharten Typen, dem ich überall hin gefolgt wäre.

Ich habe Kleese nicht beim Militär kennen gelernt, sondern als Unternehmensberater. Ich arbeitete damals als Geschäftsführer in einem mittelgroßen Privatunternehmen. Ich hatte zu der Zeit noch viel zu lernen, denn der Job war eigentlich eine Nummer zu groß für mich. Ich musste mich ständig bis zum Äußersten anstrengen, um dem Unternehmen zu helfen, seine ehrgeizigen Ziele zu erreichen. Oberst Kleese hat mir dabei geholfen, indem er mir klar gemacht hat, dass ein Chef nicht gewinnen kann, wenn seine Angestellten verlieren.

Eine meiner großen Frustrationen bei diesem Job bestand darin, dass ich mit Angestellten arbeiten musste, die weder mein Engagement für die Ziele noch die Visionen teilten, die ich für die Zukunft unseres Unternehmens hatte. Wenn ich bei Kleese Rat suchte, schimpfte ich über diese Leute, weil sie offenbar nicht in der Lage waren, zu begreifen, um was es mir ging. Kleeses treffende Antworten versetzten mich jedes Mal in Erstaunen.

Nach einer meiner besonders heftigen Tiraden lehnte er sich in seinem Stuhl zurück, blickte zur Decke und sagte: „Nun ja, Frank, Sie müssen sich entscheiden. Was wollen Sie erreichen? Wollen Sie den Streit gewinnen oder das Problem lösen?

„Was wollen Sie damit sagen?“, erwiderte ich völlig verblüfft. „Ich möchte, dass dieser Typ sich endlich zusammenreißt und an die Arbeit geht. Ich möchte ihm am liebsten sagen, dass er auf den Zug aufspringen oder aussteigen kann, aber dass dieser Zug bald abgefahren ist, und dass er sich gefälligst sofort entscheiden muss. Wir haben viel zu tun.“

Klesse sah mich lächelnd an und kniff mir ein Auge zu. „Nun

gut, dann gewinnen Sie eben Ihren Streit. Mit der Autorität, die Sie in Ihrer Position haben, können Sie das schaffen. Sie sind sein direkter Vorgesetzter, treten Sie ihn in den Hintern. Das wird Ihnen bestimmt Spaß machen. Kommen Sie noch einmal vorbei, wenn Sie sich entschlossen haben, das Problem zu lösen."

„Aber...", sagte ich hilflos, „dieser Typ sitzt auf seinem dicken Hintern und blockiert die ganze Abteilung. Außerdem hat er mit seiner Einstellung und seinem mangelndem Engagement schon alle anderen angesteckt."

„Das begreife ich", sagte der Oberst. „Es sieht ganz so aus, als wollten Sie doch den Streit gewinnen. Viel Vergnügen. Schreien Sie den Kerl an. Kommen Sie erst wieder zu mir, wenn Sie das Problem lösen wollen." Das Gespräch dauerte noch eine Weile und als es vorbei war, hatte ich eines jener seltenen Aha-Erlebnisse, die wirklich zu den beglückenden Augenblicken meines Lebens zählen.

Kleese hatte mir in unseren Gesprächen klar gemacht, dass sich meine beiden Ziele gegenseitig ausschlossen. Wenn ich den Angestellten zur Schnecke gemacht hätte, der mich so frustriert hatte, hätte mir das sicher zunächst Spaß gemacht. Ihn anzubrüllen und herumzutoben wäre für mich ein befreiendes Erlebnis gewesen, und ich hätte mich hinterher bestimmt besser gefühlt. Aber nach diesem Befreiungsgefühl wäre ich dann mit *zwei* Problemen konfrontiert gewesen. Mit dem ursprünglichen Problem, das mich so wütend gemacht hatte, und einem *zweiten* (bedeutend gravierenderen), dass ein Angestellter sich von seinem Vorgesetzten angegriffen und gedemütigt gefühlt hätte. Ich hätte so zwar den Streit gewonnen, das eigentliche Problem hätte sich jedoch dadurch noch weiter verschärft. Ein Chef kann eben nie gewinnen, wenn seine Mitarbeiter verlieren.

Wenn ein Vorgesetzter mit einem schwierigen Angestellten und einer problematischen Situation konfrontiert ist, sollte er sich zuerst immer fragen – bevor er anfängt, sich zu streiten –

was dient der Problemlösung am ehesten? Dazu gehört sicher nicht, dass er den Streit mit einem Angestellten gewinnt. Richtig ist (und das steht außerdem in Übereinstimmung mit unserem Ziel *durch Dienen zu führen*), jede Interaktion mit den Leuten ausschließlich unter dem Gesichtspunkt der Problemlösung zu sehen.

Wenn wir in die Zukunft blicken und uns entscheiden, in welche Richtung unsere Aktionen gehen müssen, um mit hoher Wahrscheinlichkeit eine erfolgreiche Lösung zu finden, sind wir auf dem richtigen Weg. Wenn wir dann auch noch darauf verzichten, einen Angestellten, der das Problem verursacht hat, vor den Augen der anderen zu demütigen, sind wir ein guter Chef, auch wenn das für viele von uns eine große Umstellung bedeutet. Wir müssen uns also vom Erziehungsstil eines vorwurfsvollen und demütigenden Vaters zu einem erwachsenen Führungsstil durchringen, der sich ausschließlich am Erfolg orientiert. Darüber hinaus lässt sich auf diese Weise viel eher Loyalität erreichen, als wenn man in den Menschen Schuldgefühle erzeugt. Das ist für jeden von uns ein ganz entscheidender Schritt.

Wir haben die Wahl: Wenn wir das Problem lösen, sind wir auf dem Weg, ein professioneller Manager zu werden, der bereit ist, die nächste Herausforderung anzunehmen, die sein Unternehmen ihm präsentiert. Wenn wir dagegen unbedingt den Streit gewinnen wollen, bleiben wir in der gegenwärtigen Situation stecken, die sich dadurch, dass wir den Angestellten vor den Kopf gestoßen haben, noch weiter verschlimmert hat. Außerdem haben wir unnötig Energie verschwendet, die wir besser zur Lösung des eigentlichen Problems eingesetzt hätten.

Und dieses Dilemma führt uns direkt zu unserer nächsten Grundregel.

Ihr Führungsstil sollte das Ergebnis einer bewussten Entscheidung sein und nicht von Zufall oder Willkür abhängen

Die meisten von uns werden sich zu Anfang ihrer Laufbahn als Manager an ihrem ersten Chef orientieren. Oder wir nehmen uns die Erziehungsmethoden unserer Eltern zum Vorbild, was für viele von uns nicht unbedingt von Vorteil sein dürfte.

Ich erinnere mich an einen Chef, für den ich am Anfang meiner Berufslaufbahn gearbeitet habe. Seine Grundphilosophie war Theorie X: „Die Leute sind nichts wert, und man muss ihnen immer genau auf die Finger sehen."

Einmal habe ich ihn gefragt, warum er seinen Leuten keine Verstärkung, also kein positives Feedback zukommen lässt. Seine Antwort: „Ich muss doch diesen Typen nicht auch noch dafür danken, dass sie einen Job tun, für den ich sie bezahle." Noch während er diesen Satz aussprach, wurde mir klar, in was für einem Elternhaus dieser Mann aufgewachsen war. Auf eine kurze Form gebracht hätte die Devise lauten können: „Perfektion ist die einzige Norm, die akzeptabel ist." Da er aus einer solchen Familie kam, führte er die Leute so wie er selbst erzogen worden war.

Da wir von einem Unternehmen damit betraut worden sind, ein Team zu führen, von dem erwartet wird, dass es sich mit den Zielen dieses Unternehmens identifiziert, können wir es uns nicht leisten, unseren Führungsstil dem Zufall oder unserer Willkür zu überlassen. Die beste Führungskraft ist die, die auch dienen kann. Und wenn wir zahlreiche Management- und Führungsstile kennen, können wir den übernehmen, der für die Gruppe, mit der wir es zu tun haben, der beste ist. Das ist unsere Pflicht und Schuldigkeit.

Abgesehen vom angemessenen Führungsstil müssen wir berechenbar sein. Das heißt, dass unsere Mitarbeiter unser Verhalten unter bestimmten Bedingungen zuverlässig voraussagen können, wir können es uns nicht leisten, sie zu verunsichern.

Hardliner oder netter Kerl – Sie müssen sich aber stets selbst treu bleiben

Einer meiner Leute hat einmal zu mir gesagt: „Ich brauche nur zuzusehen, wie Sie morgens die Tür Ihres Wagens zuschlagen, dann weiß ich genau, was mich an dem Tag erwartet." Das ist nicht gut so. Wenn der Tag meines Angestellten von meiner Laune abhängt, tue ich meinem ganzen Team keinen Gefallen.

Es gibt in der Geschäftswelt genügend unberechenbare Elemente, ohne dass auch die Chefs noch dazu zählen müssen. Als Führungskraft sind Sie verpflichtet, in einer Welt der Unbeständigkeit eine verlässliche Größe zu sein. Wir müssen uns nicht nur für einen bestimmten Führungsstil entscheiden, sondern ihn auch in beständiger Weise anwenden. Oder wie mein Freund Kleese mir vor Jahren gesagt hat: „Sie können ein Hardliner oder ein netter Kerl sein, wichtig ist, dass Sie sich selbst stets treu bleiben."

Das ist eine Lektion, die ich nie vergessen habe. Und ich hoffe, dass ich sie mit ins Grab nehme. Es war nicht Aufgabe meines Angestellten dafür zu sorgen, dass ich einen schönen Tag hatte oder dass sich meine Laune besserte. Es war meine Pflicht, dafür zu sorgen, dass mein Verhalten meinen Leuten gegenüber nicht von meinen Launen beeinflusst wurde. Ich musste die berechenbare Größe in einer unberechenbaren und sich ständig wandelnden Welt sein.

Unter Stress greifen wir auf vertraute und bequeme Verhaltensweisen zurück

Das Schwierigste in solchen Situationen ist, dass alle Menschen – wenn sie unter Stress stehen – den Weg des geringsten Widerstands gehen. Ohne starke Selbstdisziplin laufe ich zum Beispiel Gefahr, wieder in alte Verhaltensmuster zurückzufallen und meine Leute so zu behandeln, wie ich an schlechten Tagen die Tür meines Autos zuknalle.

Und auch der Manager, der gesagt hat: „Ich muss mich doch nicht auch noch bei diesem Typen bedanken, dass er einen Job macht, für den ich ihn bezahle", wird wieder in seinen alten Führungsstil zurückfallen, der seine Leute daran zweifeln lässt, ob das Management überhaupt in der Lage ist zu bemerken, wenn sie hart gearbeitet und eine gute Leistung gebracht haben.

So sollte es nicht sein. Wir sind dann eine gute Führungskraft und dienen den anderen, wenn wir unsere Leute vor unseren Launen schützen, wenn wir sie als Profis behandeln, wenn wir ihnen unsere Wertschätzung zeigen, wenn wir sie zielgerichtet und bewusst führen, denn nur dann können wir die besten Leistungen von ihnen erwarten.

Wir beenden unsere Überprüfung der wichtigsten Grundregeln eines professionellen Führungsstils mit vier Konzepten, die unsere Arbeit als Führungskraft untermauern. Oft kommen Manager zu mir und sagen: „Ich habe keine Zeit, meine Leute zu führen. Ich habe einfach zu viel zu tun." Wenn ich das höre, muss ich immer lachen – diese Menschen tun so, als wären arbeiten und Leute führen zwei unterschiedliche Dinge. Das trifft aber überhaupt nicht zu.

Menschen führen ist richtige Arbeit

Für viele von uns ist das ein schwieriger Übergang, vor allem für die, die zunächst einmal in ihrem Arbeitsleben für das bezahlt wurden, was sie mit ihren eigenen Händen, mit ihrem eigenen Kopf und an ihrem Computer erarbeitet haben. Jetzt werden sie plötzlich dazu aufgerufen, dafür zu sorgen, dass andere Leute etwas leisten. Das ist kein leichter Übergang.

Wenn Sie das nächste Mal meinen, Sie hätten zu viel zu tun, um Ihre Leute zu führen, sollten Sie sich fragen: Was ist meine *eigentliche* Arbeit? Machen Sie sich klar, dass Leute führen richtige Arbeit ist. Es dauert eine Weile, aber wenn es gut gemacht wird, sind die Ergebnisse weitaus produktiver als die, die Sie allein schaffen könnten. Und nun zu unserer zweiten übergreifenden Grundregel.

Wo Sie stehen, hängt davon ab, an welcher Stelle Sie sitzen

In den akademischen Kreisen Amerikas ist es inzwischen üblich, dass die Autoren ihren „Standpunkt" beschreiben, bevor sie neue Theorien und Abhandlungen veröffentlichen. Mit diesem gesellschaftlichen Standpunkt soll dem Leser eigentlich nur klar gemacht werden, woher der Autor kommt. Es geht also um Ausbildung, Geschlecht, Rasse, sexuelle Orientierung, politische Einstellung, Elternhaus und akademische Bildung. Es gehört in diesen Kreisen zum guten Ton, weil es dem Leser hilft festzustellen, aus welcher Sicht der Autor geschrieben hat. Und was für die akademischen Kreise gilt, gilt auch für die Manager. Daher unser Aphorismus: Wo Sie stehen, hängt davon ab, an welcher Stelle Sie sitzen.

Jedes Mal, wenn wir Entscheidungen fällen, wenn wir uns für unsere Leute einsetzen oder Unternehmensstrategien auf unser direktes Umfeld übertragen, müssen wir uns unseres Standpunkts bewusst sein, damit wir genau wissen, wo wir sitzen. Als Mitglieder des mittleren Managements mit einem ordentlichen Gehalt, das uns ein angenehmes Leben ermöglicht, sind wir womöglich nicht sehr betroffen, wenn die Krankenkassenbeiträge ein wenig steigen. Wir verdienen genug, um eine solche Erhöhung verkraften zu können. Das kann jedoch bei den Angestellten, die bedeutend weniger verdienen und eine große Familie ernähren müssen, ganz anders aussehen. Für sie bedeutet eine solche Erhöhung eine erhebliche Beeinträchtigung der Lebensqualität.

Wir müssen verstehen, dass ihre Einstellung einem solchen Problem gegenüber davon abhängt, wo sie sitzen – in einem Haus mit begrenzten Mitteln und zahlreichen Belastungen. Wenn es uns gelingt, uns in unsere Mitarbeiter einzufühlen, können wir in einem solchen Problembereich sehr wichtige Einsichten gewinnen (und Ergebnisse erzielen). Wir erfüllen dann darüber hinaus unsere Pflicht, Fürsprecher unserer Leute zu sein, wenn wir mit unseren Chefs (und deren Chefs) darüber reden, welche Auswirkungen eine solche Veränderung auf unsere Mitarbeiter hat.

In solchen kritischen Situationen müssen wir uns daran erinnern, dass es unseren Angestellten ziemlich egal ist, wie viel wir wissen, nicht egal ist ihnen, wie intensiv wir uns um sie kümmern. Und das können wir ihnen beweisen, indem wir ihnen zeigen, dass wir uns durchaus ihrer Lage bewusst sind.

Zwei letzte Lektionen für angehende Manager: Zahlreiche Management-Trainer und andere Theoretiker verbringen viel Zeit damit, ihren Leuten und Schülern beizubringen, wie man Interaktionen und Situationen mit Angestellten unter Kontrolle bringt. Für mich ist das reine Zeitverschwendung. Wen kümmert es schon, wer die Kontrolle hat? Wen kümmert es schon, wer die Entscheidungen trifft? Wichtig ist einzig und allein, was letzten Endes dabei herauskommt.

Mir ist es egal, wer fährt, solange ich das Fahrtziel selbst bestimmen kann

Man muss sich nicht unnötig darüber aufregen, wer nun wirklich die Kontrolle über die Interaktionen hat, vor allem wenn sich das Ganze in logischer Weise auf das Ziel zu bewegt, das der Manager sich von Anfang an gesteckt hatte. Wenn wir davon überzeugt sind (ich jedenfalls bin es), dass es sinnvoll ist, die Angestellten zu informieren, weil das ihr Engagement fördert, warum sollten wir dann die ehrlichen Versuche dieser Leute, mehr Informationen über die Entscheidungen der Geschäftsleitung zu bekommen, durch „kontrollierte" Eingriffe vereiteln? Wenn der Angestellte in die Richtung geht, in die Sie ihn haben wollen, sollten Sie ihn unterstützen und ihn ansonsten in Ruhe lassen.

Schließlich und endlich darf keiner von uns vergessen, dass wir nicht alles allein machen müssen, auch wenn wir das manchmal glauben.

Der Chef muss nicht alles selbst machen – er muss nur dafür sorgen, dass es gemacht wird

Wir alle wurden zu Anfang befördert, weil wir eine bestimmte Aufgabe zu einem guten Ende gebracht hatten. Jetzt ist es unsere Aufgabe, dafür zu sorgen, dass die Leute, die für uns arbeiten, ihr Bestes geben. Je eher wir begreifen, dass Menschen führen Arbeit ist, und je eher wir uns darüber hinaus von der Vorstellung befreien, wir müssten alles selbst machen statt zu führen, um so besser wird die Arbeit sein, die wir für unsere Angestellten, unser Unternehmen, für uns selbst und für alle, denen wir sonst noch dienen, leisten.

GRUNDREGELN DER FÜHRUNG

- Jedes Mitglied einer Gruppe wird am stärksten durch den Führungsstil des Chefs beeinflusst.
- Das Betriebsklima eines Unternehmens lässt sich am besten erkennen, wenn man die Leute beobachtet, die die eigentliche Arbeit tun.
- Die besten Führungskräfte sind Menschen, die auch dienen können.
- Nicht das, was wir nicht *wissen*, sondern das, was wir nicht *tun*, bringt uns in Schwierigkeiten.

- Als Führungskraft sind Sie das Bindeglied zwischen Ihrer Arbeitsgruppe und dem Rest des Unternehmens.
- Den Leuten ist es egal, wie viel wir wissen, ihnen geht es darum, wie intensiv wir uns um alles kümmern.
- Ein Chef kann nicht gewinnen, wenn seine Leute verlieren.
- Wollen Sie den Streit gewinnen oder das Problem lösen?
- Ihr Führungsstil sollte das Ergebnis einer bewussten Entscheidung sein und nicht von Zufall oder Willkür abhängen.
- Hardliner oder netter Kerl, Sie müssen sich selbst aber stets treu bleiben.
- Unter Stress greifen wir auf vertraute und bequeme Verhaltensweisen zurück.
- Menschen führen ist richtige Arbeit.
- Wo Sie stehen, hängt davon ab, an welcher Stelle Sie sitzen.
- Mir ist es egal, wer fährt, solange ich das Fahrtziel selbst bestimmen kann.
- Der Chef muss nicht alles selbst machen – er muss nur dafür sorgen, dass es gemacht wird.

Fragen, die zum Nachdenken anregen sollen

1. Glauben Sie, dass der beste Führer derjenige ist, der auch am besten dienen kann? Warum oder warum nicht? Wie können Sie Ihren Untergebenen noch besser dienen?
2. Sie sind ein Bindeglied in Ihrem Unternehmen. Was können Sie besser: vermitteln oder Fürsprache einlegen? Was könnten Sie gegen Ihre Schwächen tun (im Zusammenhang mit Vermitteln und Fürsprache), um eine bessere Führungskraft zu werden?
3. Was tun Sie, um Ihren Angestellten zu zeigen, dass Sie sich um sie kümmern? Wie funktioniert das? Woran können Sie das erkennen?

4. Was ist Ihr bevorzugter Führungsstil? Haben Sie sich bewusst dafür entschieden oder hat sich das rein zufällig ergeben? Wie könnten Sie ihn noch effektiver gestalten?

Anwendungsmöglichkeiten

Denken Sie einmal über Ihre gegenwärtige Führungsrolle nach. Wie haben Sie sich in der Situation verhalten? Ist die Rolle effektiv? Wie könnten Sie Ihren Leuten noch besser dienen? Welche Aspekte Ihrer Führungsrolle müssten verändert werden, damit Sie Ihrem Team ein noch besserer Chef sein können?

10
Entwickeln Sie Ihre eigene Managementphilosophie

Wie sieht unsere Managementphilosophie denn überhaupt aus? Darüber machen wir uns normalerweise kaum Gedanken. Unsere Zeit ist ausgefüllt mit Lohnkosten, Marktanalysen und Personalproblemen.

Bei der Entwicklung unserer Managementphilosophie orientieren wir uns entweder an unserem eigenen Elternhaus oder nehmen uns andere Manager zum Vorbild. *Wir lernen das, was wir erleben,* und diese Erfahrungen haben einen starken Einfluss auf unser Verhalten.

Aber es gibt auch noch andere Lektionen in unserem Leben, die unsere Philosophie prägen. Wir (jedenfalls die meisten von uns) lernen, dass wir nett sein müssen, dass wir gut mit anderen Leuten auskommen müssen und Konflikten aus dem Weg gehen sollten. Und diese Lektionen können uns später als Manager in unserer Effektivität blockieren. Wir bemühen uns so sehr, *nett* zu sein, dass wir vergessen, dass wir uns vor allem *professionell* verhalten müssen. Wie auch immer Ihre eigene Philosophie aussehen mag, Sie werden die erste Grundregel ziemlich befreiend finden.

Man kann es nicht jedem recht machen

Sie können nicht alle Menschen glücklich machen, also sollten Sie es gar nicht erst versuchen. Lassen Sie sich bei Ihrer Arbeit nicht von der letzten Umfrage unter Ihren Kollegen beeinflussen. Denn wenn Sie das tun, werden Sie feststellen, dass Ihre Arbeitsgruppe an ein steuerloses Boot erinnert. Sie sind dann ständig wechselnden Launen ausgesetzt, und drohen in einem Meer aus Managementmodellen und Irrtümern unterzugehen. Zuerst werden Sie zu der einen, dann zu der anderen Seite gerissen. Der Sturm der verschiedenen Temperamente bringt Ihr Boot vom Kurs ab. Und nun sieht es so aus, als würde es auf den Sandbänken der Unsicherheit und Unentschlossenheit stranden.

Ich weiß nicht, ob es den viel beschworenen Schlüssel zum Erfolg überhaupt gibt, aber den Schlüssel zum Misserfolg kenne ich: Man versucht es allen und jedem recht zu machen. Tun Sie das nicht. Treffen Sie die bestmögliche Entscheidung auf der Grundlage der Daten, die Ihnen vorliegen. Überprüfen Sie die Ressourcen, die Ihnen zur Verfügung stehen, wägen Sie die Optionen gegeneinander ab. Und dann sollten Sie sich entscheiden und weitermachen, ohne zurückzublicken. Denn man kann es einfach nicht jedem recht machen.

Was auch geschieht, irgendjemand wird immer eine Möglichkeit finden, alles viel zu ernst zu nehmen

Wie wahr, wie wahr. Ist Ihnen schon einmal aufgefallen, dass man machen kann, was man will – immer tritt man irgendjemandem auf die Füße.

Eine Bekannte von mir, eine Pfarrerin, beklagt sich immer wieder darüber. Wenn sie die Zeiten des Gottesdienstes ändert, ist das den einen recht, während die anderen strikt dagegen sind. Führt sie wieder die alten Zeiten ein, ist es umgekehrt. Wenn sie zusätzlich eine Neunuhr-Messe liest, wird das von den einen begrüßt, während die anderen das ablehnen.

Warum ist das so? Das weiß keiner. Stimmt es denn? Absolut.

Missverstehen Sie mich nicht – arbeiten ist wichtig. Wir verdienen auf diese Weise unser Geld, um Essen auf den Tisch bringen zu können und ein Dach über dem Kopf zu haben. Arbeit ermöglicht es uns, unseren Lebensabend finanziell abzusichern und unsere Begabung im Dienst der Allgemeinheit einzusetzen. Für manche Leute ist Arbeit sogar der einzige Sinn des Lebens.

Aber Arbeit ist nicht das ganze Leben. Man darf das nie vergessen, weder in guten Zeiten (in denen wir uns einfach unbesiegbar vorkommen) noch in Zeiten größter Verzweiflung (wenn wir so tief im Dreck stecken, dass wir nicht mehr weiter wissen). Was auch geschehen mag, einer wird immer eine Möglichkeit finden, alles viel zu ernst zu nehmen. Passen Sie auf, dass Sie das nicht sind.

Suchen Sie Möglichkeiten außerhalb der Arbeitswelt, durch die Sie Ihr Leben bereichern können, Dinge, die Ihrer Selbstverwirklichung dienen. Bleiben Sie stets mit beiden Beinen auf der Erde, und denken Sie nicht immer nur daran, wie viel Sie im letzten Quartal verdient haben oder wie Ihre letzte Jahresbeurteilung ausgefallen ist. Wenn wir unseren Arbeitsplatz verlieren, können uns nur Dinge, die einen höheren Wert haben, über Wasser halten.

Unsere ersten beiden Grundregeln beschäftigten sich mit übergreifenden Beobachtungen, die uns helfen können, unsere persönliche Managementphilosophie zu entwickeln. Wir wollen jetzt konkreter werden, um Ihnen zu zeigen, wie Sie mit den Leuten in Ihrem Unternehmen umgehen sollten.

Sie dürfen sie ruhig bitten zu arbeiten

Wenn Sie ein guter Chef sein wollen, müssen Sie sich um viele verschiedene Dinge kümmern. Sie müssen Ihren Untergebenen Ihre Vision vermitteln. Sie müssen Ziele vorgeben, die sich an den SMART-Kriterien orientieren und ein Umfeld schaffen, in dem sich die Mitarbeiter selbst motivieren können.

Wir müssen Lehrer und Trainer sein, Leistungsbeurteilungen abgeben und unsere Leute in der Währung entlohnen, die ihnen etwas bedeutet. Wir müssen uns selbst disziplinieren und unsere Beziehungen ständig überprüfen, um sicher zu sein, dass sie ausgeglichen sind. All das sind Teile des Puzzles, das sich „Management" nennt.

Trotzdem kommt früher oder später der Augenblick, in dem Sie *Ihre Leute bitten müssen zu arbeiten.*

So sieht es aus. Nur so kann der Angestellte seine Beziehung zu uns im Gleichgewicht halten. Wir setzen ihm klare Ziele, sind ihm ein guter Trainer und geben ihm ehrliches Feedback. Wir sorgen für Belohnungen und ziehen notfalls Konsequenzen, die dem Motivationsprofil des Betroffenen entsprechen. Wir stellen sowohl Werkzeuge als auch Rohmaterialien und einen Arbeitsplatz zur Verfügung. Früher oder später muss der Angestellte dann aber auch *arbeiten.* Und es ist unsere Aufgabe, ihn dazu aufzufordern.

Ein großer Teil der amerikanischen Geschäftswelt hat das offenbar vergessen. Und ich weiß wirklich nicht, wie es dazu kommen konnte.

Früher sind die Manager wie Diktatoren aufgetreten. Die heutige Entwicklung ist möglicherweise eine unvermeidliche Gegenbewegung, die, wie immer in solchen Fällen, über das eigentliche Ziel hinausschießt. Jetzt haben die Chefs plötzlich Angst und trauen sich nicht, von ihren Leuten zu verlangen, dass sie an die Arbeit gehen.

Ganz gleich, aus welcher Quelle diese Informationen stammen, so sieht die gegenwärtige Situation aus. Heute haben viele Manager, vielleicht auch Sie, tatsächlich Angst, und das ist ein großes Problem. Sie sollten sich klar machen, dass Sie Ihre Mitarbeiter getrost bitten dürfen zu arbeiten. Sie müssen das sogar tun. Geben Sie ein klares Ziel vor, das sich an den SMART-Kriterien orientiert. Bilden Sie Ihre Leute gut aus und geben Sie ihnen ein ganz spezifisches, am Ziel orientiertes positives oder korrektives Feedback. Lassen Sie sich Belohnungen und Konsequenzen einfallen, die dem Angestellten etwas bedeuten. In jedem Fall müssen Sie ihn aber auffordern zu arbeiten.

Das hat nichts mit Überheblichkeit zu tun. Auch nichts mit autoritärem Verhalten. Es ist weder unhöflich noch arrogant, *es ist ganz einfach Ihr Job.* Und Sie müssen es ganz direkt und offen tun – unmissverständlich. Sie müssen jeden Mitarbeiter auffordern, seine Arbeit zu tun. Und Sie müssen ihn fragen, ob er dazu bereit ist – *Sie erwarten schließlich von ihm, dass er sich engagiert.*

Sorgen Sie dafür, dass Ihre Leute sich engagieren

Wenn Sie jemanden bitten, seine Arbeit zu erledigen, haben Sie den ersten – wenn auch nicht den einzigen – notwendigen Schritt getan. Aber etwas ganz Wichtiges bleibt noch zu tun: Sie müssen dafür sorgen, dass sich der Betreffende auch wirklich engagiert. Er muss sich für das ganze Projekt, für die Spezifikationen, die Einhaltung des Budgets und die Terminplanung einsetzen. Sie müssen ihn fragen: „Werden Sie sich für das Projekt engagieren, über das wir geredet haben? Sind Sie bereit, sich dafür einzusetzen, dass es bis zum geplanten Termin fertig wird?" Wenn Sie jemandem ein solches Projekt übertragen, handeln Sie wie ein Verkäufer. Vergessen Sie also nie die Auftragsbestätigung.

Sie können den Leuten entweder helfen, sich zu ändern, oder Sie können sie selbst ändern

Als Manager sind wir unseren Leuten gegenüber verpflichtet. Unsere Aufgabe ist es, ihnen etwas beizubringen und ihnen zu helfen, sich weiterzuentwickeln und sich zu verwirklichen. Wir müssen ihre Sorgen ernst nehmen und nach oben hin ihre Interessen vertreten. Und wir müssen ihnen alle Entscheidungen der Unternehmensführung erklären. Sie müssen auch immer wissen, warum man sich in einer bestimmten Situation so und nicht anders entschieden hat.

Und es ist unsere Aufgabe, ihnen dabei zu helfen, sich notfalls zu ändern. Wir unterstützen sie dabei, neue Fertigkeiten zu erlernen und ihre Schwächen in Stärken zu verwandeln. Wir helfen ihnen, sich weiterzuentwickeln – denn das ist unsere Aufgabe.

Es ist jedoch nicht unser Job, uns mehr um sie zu kümmern, als sie es selbst tun. Es gibt Leute, die ändern sich nie – sie lernen nichts Neues und ändern auch ihr Verhalten nicht. Ich weiß nicht warum. Ich bin kein Psychologe.

Aber eines weiß ich genau: Sie müssen sich nicht intensiver um sie kümmern, als sie selbst es tun. Wenn Sie so jemanden darum gebeten haben, sich zu ändern, und ihm die Mittel dazu an die Hand gegeben haben, Belohnungen und Konsequenzen in Aussicht gestellt haben, außerdem ein Ziel vorgegeben haben, das sich an den SMART-Kriterien orientiert, haben Sie Ihren Teil der Aufgabe erfüllt.

Helfen Sie Ihren Leuten, sich zu ändern, oder ändern Sie sie selbst. Das ist meine Art, Sie als Manager zu bitten zu arbeiten, denn das ist Ihr Job.

Schicken Sie keine Enten in die Adlerschule

Wenn wir unsere Leute bitten, sich zu ändern, müssen wir die angestrebte Veränderung ins Verhältnis zu den Fähigkeiten und dem Wissensstand dieser Leute setzen. Es hat keinen Sinn, von ihnen Dinge zu erwarten, die sie unmöglich schaffen können.

Nehmen Sie diese Grundregel einmal wörtlich. Ein Adler wäre nicht besonders gut, wenn er die Aufgaben einer Ente übernehmen müsste. Umgekehrt gilt das natürlich genauso. Eine Ente hat amphibische Fähigkeiten – sie kann schwimmen, tauchen, watscheln und fliegen. Ihr Nest ist am Boden in der Nähe eines Gewässers, und sie ernährt sich von Pflanzen, kleinen Fischen und anderen Wassertieren. Das Leben eines Adlers sieht dagegen völlig anders aus. Er nistet an hohen, unzugänglichen Orten. Er lässt sich von thermischen Strömungen hoch in die Lüfte tragen und kann dort oben stundenlang schweben. Aber schwimmen kann er überhaupt nicht, und das braucht er auch nicht.

Jeder dieser beiden Vögel besitzt besondere Talente, die der andere nicht hat. Und genau so ist das mit unseren Angestellten. Wir dienen ihnen, wenn wir ihnen helfen, ihre Begabungsschwerpunkte zu finden, und sie dann dort arbeiten lassen, wo sie ihre Fähigkeiten am besten einsetzen können. Das setzt natürlich voraus, dass wir sie gut kennen – ihre Stärken, ihre Schwächen, ihre Ziele und ihre Träume. Und wir müssen uns davor hüten, bei der Verteilung bestimmter Aufgaben Vorurteile zu haben oder irgendjemand ungerecht zu bevorzugen.

Am Anfang meiner Berufstätigkeit habe ich erlebt, wie ein Manager Enten auf die Adlerschule geschickt hat. Vier Mitarbeitern wurde eine neue Aufgabe zugewiesen. Der Chef bevorzugte bei der Auswahl die Mitarbeiter, die seine persönlichen Favoriten waren. Die Leute sollten firmeneigene Trainer für einen Verkaufsleiterkurs werden. In mannigfacher Hinsicht hatte dieser Manager Enten auf die Adlerschule geschickt.

Erinnern Sie sich, es ging um *Ausbildung.* Der Unterricht kostete Tausende Dollar, die Auserwählten mussten eine Woche lang von ihren normalen Aufgaben freigestellt werden. Sie sollten für die Ausbildung der nächsten Generation der Verkäufer dieses Unternehmens verantwortlich sein.

Einer von ihnen – ganz klar der Favorit unter den Favoriten – war ein diktatorischer, autoritärer, unsicherer Mensch aus dem mittleren Management. Er versuchte, seine Unsicherheit zu verbergen, indem er sich als „Experte“ ausgab, und er ließ sich von niemandem etwas sagen. Er ignorierte die gesamte Ausbildung, war selbst ein jämmerlicher Versager und wurde nach knapp zwei Jahren wegen grober Pflichtverletzung entlassen.

Ein zweiter Bewerber – wieder ein Favorit der Favoriten – verließ die Firma vier Monate nach Beendigung des Kurses und nahm sein neu erworbenes Wissen mit zu einem größeren Konkurrenten. Er war wohl eher eine Schlange als eine Ente.

Der dritte Mann war nett und liebenswürdig. Er machte nicht viel Aufsehen, und genau aus dem Grund war er ausgesucht worden. Er lernte brav seinen Stoff und konnte ihn auch in relativ professioneller Weise vortragen. Vermutlich hat er es von allen am besten geschafft.

Der vierte Kandidat war wahrscheinlich der beste Trainer, aber er war so hitzig und unberechenbar, dass man ihn letzten Endes entlassen musste, nachdem er vorher mehrmals mit den Inhabern der Firma aneinander geraten war. Er war möglicherweise ein Adler, aber es war ihm nicht möglich, in dieser Volière zu leben.

Die Moral von der Geschicht ist: Man sollte Enten nicht auf die Adlerschule schicken. Aus guten Enten werden dann schlechte Adler. Lassen Sie Ihre Angestellten das sein, was sie sind. Verlangen Sie nur von ihnen, dass sie ihr Bestes geben.

Wenn Sie Höchstleistungen fordern, werden manche Mitarbeiter das Handtuch werfen, andere wird es weiterbringen. Das Unternehmen wird in jedem Fall davon profitieren

Die Forderung nach Höchstleitungen hat auf Ihre Angestellten unterschiedliche Auswirkungen. Die einen werden dadurch beflügelt, anderen wird das Ganze Angst machen. Ihre Aufgabe ist es, die erste Gruppe zu vergrößern und die zweite zu reduzieren.

Ein Beispiel: Sie übernehmen eine Arbeitsgruppe, die in Schwierigkeiten steckt. Ihre Produktivität liegt unter der Norm des Unternehmens und zwar sowohl quantitativ als auch qualitativ. Mehrere gute Leute haben die Abteilung gewechselt und zwei der besten haben das Unternehmen kürzlich überhaupt verlassen. Und jetzt kommen Sie, machen allen klar, dass Sie in Zukunft Höchstleistungen von ihnen verlangen und versuchen, das Team nach vorn zu bringen. Was wird passieren?

Denken Sie daran: *Die Leute, die der Gruppe noch angehören, haben es so aushalten können, wie es war.* Die stärker motivierten der Gruppe (siehe Kapitel 2) haben ihre Probleme bereits gelöst – sie sind gegangen. Wie werden sich die anderen verhalten?

Einige werden sehr interessiert sein. Sie werden froh sein, einen Chef zu haben, der einen klaren Blick hat. Auf spezifisches positives oder auch korrektives Feedback werden sie gut reagieren, und sie werden sich über die Belohnungen freuen, wenn Sie sie in der Währung zahlen, die ihnen etwas bedeutet. Diesen Leuten wird das gut tun und dem Unternehmen wird es nützen.

Andere werden Angst haben. Sie fürchten, dass die Forderung nach Höchstleistungen bedeutet, dass für sie kein Platz mehr im Unternehmen ist. Es ist Ihre Aufgabe, sie weiterzubilden, ihnen ein Gefühl der Sicherheit zu vermitteln und für Ausgeglichenheit zu sorgen. Wenn den Leuten dieser Gruppe klar wird, dass Normen und Einschränkungen nicht nach Lust und Laune aufgestellt werden, werden auch sie neuen Mut fassen.

Eine dritte Gruppe wird Widerstand leisten. Diese Leute glauben einfach nicht, dass Sie tatsächlich von ihnen erwarten, dass sie arbeiten. Und sie sind sogar beleidigt, dass Sie das auch noch für eine vernünftige Forderung halten. Diese Gruppe wird Sie mit Ausreden und Entschuldigungen und mit vernünftigen Gegenargumenten konfrontieren. Und Sie werden in Versuchung geraten, sich zu ärgern, weil diese Menschen nicht bereit sind, Ihrer Vision zu folgen. Geben Sie auf keinen Fall klein bei.

Definieren Sie noch einmal das Ziel. Erklären Sie alle „Warums" – die des Unternehmens, die der Arbeitsgruppe und Ihre persönlichen. Geben Sie spezifisches, unmittelbares Feedback – sowohl positiv als auch korrektiv. Zahlen Sie in einer Währung, die den Leuten etwas bedeutet – ob nun Zuckerbrot oder Peitsche. Und dann schauen Sie einmal, was passiert.

Wenn die Leute merken, dass Sie es ernst meinen, wird ein ziemlich hoher Prozentsatz der Widerständler in Ihr Lager überlaufen, denn Sie haben ihren Respekt gewonnen.

Von den restlichen werden die meisten freiwillig gehen. Im Grunde haben Sie ihnen nämlich zu verstehen gegeben, dass Sie sich entweder bessern oder gehen sollen. Sie gehen, und das ist auch gut so. Dem Rest (also denen, die sich weder gebessert haben noch gegangen sind) wird man „nahe legen, das berufliche Fortkommen in einer anderen Firma zu suchen".

Und Ihrem Team kann das alles nur gut tun. Sie haben Höchstleistungen verlangt – und die meisten haben sich bewegt – entweder bei der ersten oder einer der folgenden Aufforderungen. Die, die das nicht gemacht haben, sind gegangen, entweder freiwillig oder weil Sie sie dazu aufgefordert haben. Am Ende wird Ihre Arbeitsgruppe aus diesen Gründen stärker sein als zuvor.

„Dynamische Spannung" stärkt nicht nur die Muskeln

Ich bin in den 1950er- und 1960er-Jahren aufgewachsen und habe damals regelmäßig *Boy's Life* und andere Magazine für Jungen meines Alters gelesen. Die Anzeigen waren für mich genau so interessant wie die eigentlichen Beiträge.

Eine hat mich damals besonders fasziniert. Dort war der bloße Oberkörper eines muskulösen Mannes abgebildet, der für ein spezielles Fitnessprogramm oder Fitnessgerät warb, das sich *„Dynamic Tension"* nannte. Ich wusste zwar nicht, was das sein sollte (womöglich isometrisches Training?), aber ich kann mir heute durchaus etwas darunter vorstellen, was sich auch im Bereich des Managements anwenden lässt.

Viele unserer Grundregeln enthalten eine wichtige Erkenntnis, man kann ihnen aber direkt eine entgegengesetzte Regel gegenüberstellen. Das kann einen jungen Manager oft verwirren und er reagiert darauf mit der Frage: „Ja und? Was soll es denn nun sein? Schwarz oder weiß?" Erfahrenere Manager betrachten solche jungen Leute mit Wohlwollen – und ein wenig amüsiert – und antworten ganz einfach: „Ja."

Es gibt zahlreiche Wahrheiten, die in entgegengesetzten Maximen enthalten sind. Ein Beispiel: Der Regel „Wer nicht wagt, der nicht gewinnt" kann man den Spruch „Nur die Dummen haben keine Angst" gegenüberstellen.

„Aus den Augen, aus dem Sinn" ist das Gegenteil von „Liebe wächst mit dem Quadrat der Entfernung".

„Kleider machen Leute" lässt sich durch „Man kann ein Buch nicht nach seinem Umschlag beurteilen" wieder entkräften. Was stimmt denn nun? Beides. Oder keines von beiden. Das hängt in jedem Fall von den Umständen ab. Und diese Gegensatzpaare, die wir gerade erwähnt haben, werfen ein Licht auf das Gesetz der „dynamischen Spannung".

In unserer westlichen Welt wollen wir immer alle Gedanken einem bestimmten Pol zuordnen. Schwarz oder weiß? Die Wahrheit befindet sich jedoch oft irgendwo in der Mitte, in der so genannten „goldenen Mitte". Die beiden Redensarten „Wer nicht wagt, der nicht gewinnt" und „Nur die Dummen haben keine Angst" sind Fixpunkte auf einem Entscheidungskontinuum. Wir machen uns Gedanken darüber und ringen uns allmählich zu einer Entscheidung durch, die den gegebenen Umständen am ehesten gerecht wird.

Ich habe einen guten Freund, der sehr temperamentvoll und direkt ist, vielleicht auch ein bisschen verrückt. Er wendet genau dieses Entscheidungsmodell an, wenn er vor einem Problem steht. „Ich fange immer am liebsten bei den Extremen an", sagt er. „Ich könnte zum Beispiel *nichts* tun. Oder ich könnte mich *umbringen.* Und dann arbeite ich mich langsam zur Mitte vor."

Wenn Sie selbst diese Grundregeln in die Praxis umsetzen, sei es im Beruf oder in Ihrem Privatleben, sollten Sie ein paar Vorsichtsmaßnahmen beachten.

Für ein Kind, das gerade einen Hammer geschenkt bekommen hat, sieht alles wie ein Nagel aus

Wahrscheinlich gibt es eine bestimmte Grundregel in diesem Buch, die Ihnen ganz besonders gut gefällt. Sie wird Ihr Markenzeichen werden. Sie werden sie ständig anwenden, auch wenn Sie überhaupt nicht passt. Und das ist natürlich nicht gut.

Ich habe früher einmal in der Bekleidungsindustrie gearbeitet. Ich kann Ihnen aus eigener Erfahrung versichern, dass es eine Größe für alle nicht gibt; etwas, was überall passt, so etwas ist entweder gelogen oder ein schöner Traum.

Verhalten Sie sich nicht wie das Kind, das gerade einen Hammer geschenkt bekommen hat. Versuchen Sie nicht, eine bestimmte Grundregel auf jede Situation anzuwenden. Solche Regeln sind kein Ersatz für Ihr eigenes Denken, sie können Sie nicht von der Verpflichtung befreien, kritische Überprüfung anzustellen. *Sie sollen lediglich ein Ausgangspunkt für Ihre Überlegungen sein.* Diese Maxime vermitteln Ihnen nur die Erfahrungen vieler Generationen von Managern. Nehmen Sie so viel wie möglich davon, wenden Sie sie an und lassen Sie den Rest links liegen.

Wenn Sie weiterhin das tun, was Sie immer schon getan haben, werden Sie auch nur das erreichen, was Sie immer schon erreicht haben

Diese traurige Erkenntnis lässt sich im häuslichen Leben der Freunde beobachten, die einfach nicht den richtigen Partner finden. Sie geraten immer wieder an einen, der genauso ist wie der, von dem sie sich gerade getrennt haben. Wir müssen einen solchen Menschen dann fragen: „Wie oft willst du dieses Experiment eigentlich noch wiederholen?"

Aber auch bei Geschäftsbeziehungen können wir dieses Phänomen beobachten – nicht zuletzt auch bei uns selbst. Wenn wir ein anderes Ergebnis anstreben, müssen wir unsere Handlungsweise ändern. So einfach (und so schwer) ist das.

Wenn wir mehr Gewinne machen wollen, müssen wir entweder mehr verkaufen oder unsere Kosten senken. Wir können nicht einfach so weitermachen wie bisher. Um die Personalfluktuation zu senken, müssen wir etwas gegen die Ursachen unternehmen. Theoretisch ist das einfach, in der Praxis sieht das allerdings ganz anders aus.

Warum ist so etwas so schwierig? Weil es eine Veränderung erfordert. Und das ist immer schwer. Jedes Mal, wenn wir etwas verändern wollen, stehen wir vor einer dreifachen Aufgabe. Zunächst einmal müssen wir klar definieren, was wir wollen und in welcher Weise sich das von dem unterscheidet, was wir zurzeit haben. Dann müssen wir alle unsere gegenwärtigen Aktionen überprüfen, um feststellen zu können, ob uns dieses Verhalten zu dem neuen, revidierten Ziel führen kann. Und letzten Endes müssen wir Veränderungen durchführen, die in etwa garantieren, dass wir an diesem neuen und anderen Ziel auch lebendig ankommen.

Veränderung – von Aktionen und Aktivitäten – ist die einzige Option. Denn wenn wir weiter das tun, was wir bisher getan haben, werden wir auch nur das erreichen, was wir bisher erreicht haben.

Wenn Sie nicht genau wissen, wo Sie stehen, werden Sie auf alles hereinfallen

In Kapitel 6 haben wir festgestellt, dass es nicht unsere Aufgabe ist, Werturteile über die Motive unserer Angestellten zu fällen. Und das stimmt auch. Diese Menschen sind schließlich nicht in unserem Elternhaus aufgewachsen. Wir sind dafür zuständig, sie in einer Weise zu belohnen, die ihnen etwas bedeutet.

Man kann allerdings von uns erwarten, dass wir unser eigenes Motivationsprofil kennen. Wir müssen uns klar machen, was uns am meisten bedeutet und sicherstellen, dass es auch tatsächlich unsere eigenen Werte sind (nicht etwas, das wir praktisch durch Osmose von anderen, die in unserer Kultur leben, übernommen haben).

Wofür stehen wir wirklich ein? Was sind unsere höchsten Werte? Was bedeutet uns am meisten? Die Listen in Kapitel 2 vermitteln einen Überblick über die wichtigsten Motivatoren, aber die meisten beruhen auf den so genannten Grundwerten.

So ist zum Beispiel „Lustgewinn" der Wert, der uns dazu treibt, Spaß zu haben, weniger zu arbeiten, mehr zu spielen. Er hängt außerdem mit einer Menge anderer Motivatoren zusammen.

So führt der Motivator „ein anerkanntes Mitglied der Berufsgruppe zu werden" dazu, dass wir Neues lernen, dass wir bei unseren Kollegen einen guten Eindruck machen wollen, dass wir neue Technologien anwenden wollen.

Der Hauptmotivator, der uns „ein treues Mitglied unserer religiösen Gemeinde sein lässt", kann andere Motivatoren enthalten wie zum Beispiel mehr Geld verdienen wollen (um wohltätig sein zu können), etwas zu tun, das für die Menschen wichtig ist.

Vor vielen Jahren war ich verantwortlich für eine Kampagne, bei der es darum ging, Geld für eine Wohltätigkeitsorganisation aufzutreiben, der ich mich sehr verbunden fühlte. Leider war diese Organisation kaum bekannt, was das Geldsammeln ziemlich schwierig machte. Ein potenzieller Spender bot sich an, einen größeren Beitrag zu leisten, aber die Umstände waren etwas undurchsichtig. Ich war müde. Es war Geld. Ich war in Versuchung, das Geld anzunehmen.

Dann dachte ich an meine Grundwerte. Die ganze Sache hatte irgendwie einen üblen Beigeschmack. Ich beriet mich mit meinem Vater, der einen sehr gut entwickelten Sinn für Gut und Böse hatte.

Ich nahm seinen Rat: „Lass die Finger davon" an. Und ich habe es nie bereut.

Was aus uns wird, hängt davon ab, wie wir unser Leben führen. Man muss wissen, wo man steht, sonst fällt man auf alles und jeden herein.

Alles, was wir uns inzwischen gemeinsam erarbeitet haben, bezieht sich weitgehend auf das Management. Wir wollen uns jetzt mit unserer letzten Grundregel beschäftigen, die uns auf eine Realität verweist, die weit über unseren Arbeitsplatz hinausgeht.

Ihr Job ist nicht Ihr Leben

Mit Ihrem Job verdienen Sie Ihren Lebensunterhalt, aber er ist nicht Ihr Leben. Ihr Leben ist die Summe all Ihrer Hobbys, es ist Ihre Familie, Ihre Überzeugungen, Ihre außerberuflichen Interessen und natürlich auch Ihre Arbeit. An Ihrem Arbeitsplatz verdienen Sie das Geld, mit dem Sie Ihren Lebensunterhalt bestreiten.

Ein weit verbreiteter Irrtum in Amerika beruht darauf, dass die Menschen das, *was sie tun*, mit dem verwechseln, *was sie sind.* Diese Auffassung ist die Ursache der Depressionen, die entstehen, wenn Leute ihren Arbeitsplatz verlieren, oder wenn ein Unternehmen Stellen abbaut.

Sie sollten Ihre Arbeit lieben und sie ernst nehmen. Seien Sie ein Profi. Verwirklichen Sie sich selbst. Aber lassen Sie sich nicht verwirren. Sie sind mehr als das, was in Ihrer Stellenbeschreibung steht. Und Sie sind auch mehr als das, was Sie tun.

Identifizieren Sie Ihre Grundwerte und orientieren Sie sich in Ihrem Leben daran.

Aber wenn Sie im Büro sind, sollten Sie eines nie vergessen: Sie dürfen Ihre Leute ruhig bitten zu arbeiten.

GRUNDREGELN FÜR DIE ENTWICKLUNG IHRER MANAGEMENTPHILOSOPHIE

- Man kann es nicht jedem recht machen.
- Was auch geschieht, irgendjemand wird immer eine Möglichkeit finden, alles viel zu ernst zu nehmen.
- Sie dürfen sie ruhig bitten zu arbeiten.
- Sorgen Sie dafür, dass Ihre Leute sich engagieren.
- Sie können den Leuten entweder helfen, sich zu ändern, oder Sie können sie selbst ändern.
- Man sollte Enten nicht auf die Adlerschule schicken.
- Wenn Sie Höchstleistungen fordern, werden manche Mitarbeiter das Handtuch werfen, andere wird es weiterbringen. Das Unternehmen wird in jedem Fall davon profitieren.
- „Dynamische Spannung" stärkt nicht nur die Muskeln.
- Für ein Kind, das gerade einen Hammer geschenkt bekommen hat, sieht alles wie ein Nagel aus.
- Wenn Sie weiterhin das tun, was Sie immer schon getan haben, werden Sie auch nur das erreichen, was Sie immer schon erreicht haben.
- Wenn Sie nicht genau wissen, wo Sie stehen, werden Sie auf alles hereinfallen.
- Ihr Job ist nicht Ihr Leben.

Fragen, die zum Nachdenken anregen sollen

1. Wie verhalten Sie sich, wenn Ihre Entscheidungen den Mitarbeitern nicht passen? Und wie ist es, wenn die Geschäftsleitung nicht damit zufrieden ist? Können Sie sich entspannen, indem Sie sich sagen, dass man es nie allen recht machen kann?
2. Können Sie Leute motivieren? Wieso haben Sie so geantwortet? Was könnten Sie besser machen?
3. „Sie können entweder den Leuten helfen, sich zu ändern, oder Sie können sie selbst ändern." Was sagen Sie zu dieser Grundregel? Haben Sie sich jemals „mehr um Ihre Mitarbeiter gekümmert als sie es selbst tun"? Was ist dabei herausgekommen?
4. Wie können Sie von Ihren Leuten Höchstleistungen fordern, sodass sie weiterkommen und nicht das Unternehmen verlassen? Was können Sie tun, um Ängste bei ihnen abzubauen? Wie können Sie sicherstellen, dass das Ziel klar definiert ist? Wie können Sie Ihre Leute in einer Währung belohnen, die ihnen etwas bedeutet?

Anwendungsmöglichkeiten

Wie können Sie Ihre Leute in einer direkteren Form bitten zu arbeiten, ohne weder zu grob noch zu lasch zu sein? Welche Vorteile sehen Sie dabei? Welche potenziellen Nachteile?

Stichwortverzeichnis

Z